ALTAMIRO DE ARAUJO LIMA FILHO

Falando sobre criminologia

2021

Amazon

Dedicatória

À memória dos meus pais.

À Luiz Milaré, pela confiança;

À Daniel Vilarinho, pela amizade e pelo persistente incentivo.

Epigrafe

O ilícito apresenta-se como fato social multifacetado a ser definido através do seu conteúdo factual e historicamente condicionado a determinadas circunstâncias.

Vez por outra é bom levar porrada para tomar tento e perceber a posição no jogo.

Sumário

Prefácio

O momento atual se mostra repleto de incertezas. A política reacende discursos de um passado totalitarista, pregando intolerância, negacionismo e o desmonte de conquistas sociais. Eclodem protestos contra o racismo, a xenofobia e tantos outros, denunciando a necessidade da vigilância constante no processo civilizatório da humanidade.

No Brasil, campanhas governamentais enaltecem o armar da população, quando o verbo deveria ser outro. Tributam-se livros, isentam-se armas, com a superficial certeza de que tal política trará pacificação e solução de problemas estruturais. Rasgam-se direitos, difundem-se narrativas históricas distorcidas, atacam-se Instituições do Estado Democrático de Direito. Tudo vale a pena, exclusivamente para as almas pequenas, parafraseando o poeta.

A própria Constituição se torna alvo de ataques, especialmente em redes sociais, seja por interesses pessoais, seja por grupos eternizados no poder. Enfrentamos, em plena pandemia, duelos de políticos envoltos em seus projetos individuais, resultando no triste abandono da população.

Difunde-se, propositadamente, que a crise é econômica e decorrente dos muitos direitos advindos com a redemocratização de 1988. Alocamos, assim, a culpa em um Estado de bem-estar que sequer chegou a existir, escondendo, convenientemente, a histórica opressão de uma sociedade assentada no patriarcalismo, no latifúndio e na escravidão. Nada diferente de dois séculos passados.

Nesse cenário, concepções como *bandido bom é bandido morto*, *maior encarceramento e a diminuição da maioridade penal* são aceitas como suficientes para deter a violência social, de evidente e necessária adoção. Num Estado sem direitos e desigual socialmente, prisão é o elixir para tudo. Não faltam defensores da diminuição ou até supressão de direitos humanos, apontando, falsamente, serem estes exclusivos de determinados grupos, citando a população carcerária.

Porém, de outro lado, um grupo de pensadores resistem, refutando saberes de conveniência, falsas ciências e distorções do conhecimento humano. Lutam para manter vivo o edificante conhecimento humano, seus métodos, princípios e fundamentos.

Cavam trincheiras de bom senso, humanismo e razão. São escritores que ousam desafiar a verdade pronta, o conhecimento tacanho e raso. Formam um grupo de resistência.

E, em seleto grupo, o autor tem seu nome escrito pela bela e vitoriosa trajetória de obras jurídicas marcadas pelas pesquisas, estudos e reflexões críticas.

Sempre obras de pertinência, sendo que a atual segue o mesmo traçado.

Assim, diante de tal contexto, recebi o honroso convite para prefaciar a mais recente obra do Prof. Altamiro — *Falando sobre Criminologia* — ciente da grande responsabilidade.

Um dos desafios seria como introduzir o leitor ao mundo desta obra, com suas nuances. Tentei situar o momento histórico, as inquietações do grande mestre e ressaltar sua formação como premissas para a devida compreensão das lições do livro.

Formado em Direito na década de 1970 pela Universidade Federal de Pernambuco, caminhou simultaneamente no conhecimento da História, cursado na Católica daquele Estado, combinando seus saberes numa formação humanística respeitável. Em ambas as frentes de conhecimento cursou programas de pós-graduação, sempre com grande sucesso. Como consequência (para sorte de seus alunos, amigos e de seus colegas), tais conhecimentos o levaram à docência universitária, onde tive o privilégio de conhecê-lo, convivendo nos intervalos de nossas aulas.

De modo que, a trajetória acadêmica robusta do autor e seu referencial como advogado criminalista o credenciam, sem qualquer dúvida, a lançar luz sobre um tema que tem sido objeto de algumas imprecisas falas, assim entendida a Criminologia. Anos de dedicação ao Magistério Superior na cadeira da disciplina e o patrocínio de causas na advocacia criminal o habilitam a lançar essas *falas,* elucidando pontos de relevo.

O Prof. Altamiro, em tal desiderato e com a lucidez peculiar, disserta sobre a história da Criminologia em diversas culturas, chegando até o Brasil, diferenciando-a em seus diversos documentos jurídicos.

Fala-nos sobre o Crime e sua Etiologia, além de enfrentar conceitos da Criminologia, bem como seu objeto, além da interdisciplinaridade, mostrando seu importante conteúdo e abrangência.

Aponta as diversas escolas sobre Criminologia, com as interfaces da sociologia, da antropologia e do mundo jurídico, com seus enfoques de tempo e lugar.

Discorre sobre comportamentos humanos e delinquência, com reflexões atentas e atuais, elucidando apaixonantes temas da Criminologia e do Direito Penal.

Em tempos de senso comum e análise superficial, o leitor encontrará, dessa forma, denso conteúdo doutrinário, jurisprudencial que certamente o ajudará a entender o estudo sobre Criminologia, seus meandros, sempre diante das interações com os demais ramos do conhecimento humano.

Nas páginas seguintes, Prof. Altamiro, como carinhosamente conhecido por todos, emprega a experiência no trato da Criminologia para elaborar teses e proposições de sucesso, justificando seu merecido lugar como expoente da docência e da advocacia criminal.

Provocador, atual e pertinente, *Falando sobre Criminologia* vem em excelente hora, com a missão de ampliar argumentos válidos àqueles que trilham os árduos caminhos da justiça.

Enfim, uma obra que deve ser lida com atenção, aprendida e degustada passo a passo. Excelente leitura!

Prof. Dr. Luiz Henrique Milaré de Carvalho
Professor de Direito Constitucional

Apresentação

Para quem trabalha no campo criminal em nosso país — diante da crescente tipificação de condutas e do galopante encarceramento nas últimas décadas — sente a desconfortável certeza de que algo está errado. Acrescente-se a insistência do executivo federal em alguns pontos: descriminalização dos assassinatos por parte das forças de segurança; redução da maioridade penal; e facilitação dos instrumentos para criação de grupos paramilitares. Tudo isso compõe uma realidade bastante preocupante.

E o direito penal não é instrumento hábil capaz de fornecer respostas para nossa angústia ante esse panorama.

Será a criminologia que nos dará uma das chaves para tentar compreender o que se passa em nossa sociedade.

Por outro lado para conhecer a ciência criminológica temos que percorrer um caminho definido. Antes de qualquer coisa precisamos identificar os primórdios da ideia daquilo que se entende como crime e o fenômeno criminógeno. A história será o guia nessa trilha inicial.

Num segundo passo importa fixar o objeto e a delimitação científica da nossa disciplina e isso com um olhar multidisciplinar. Mais adiante se faz necessária uma visão histórica do direito através da abordagem das escolas jurídicas: a clássica e a positivista. Fechando o ciclo será preciso a compreensão daquilo que se entende por delinquência, onde nos deparamos com as teorias do consenso e do conflito.

As nossas anotações objetivam apresentar elementos fundamentais para a compreensão desse percurso. Isso é feito em linguagem atual de forma clara e objetiva.

Trata-se de trabalho singelo e sincero para os iniciantes. As críticas e sugestões serão bem-vindas.

Araguaína (TO), fevereiro/2021.
altamiro de araujo lima filho.

Capítulo 1 – Ideia de crime e criminologia

Sumário: Histórico da ideia de crime e da criminologia: Mesopotâmia, Grécia, Roma, Medievo e direito canônico. Criminologia pré-científica. Criminologia científica.

Breve histórico da ideia de crime e de criminologia.

Para entender a história da criminologia deve-se buscar os primórdios da ideia daquilo que se entende como crime e do fenômeno criminógeno. Isto pode ser feito através de breve apanhado sobre condutas consideradas como delitos e as suas penas. Observe-se que desde a antiguidade existem relatos sobre isso. Vejamos exemplos.

Mesopotâmia.

No mundo antigo — entre os rios Tigre e Eufrates (crescente fértil) — desenvolve-se a civilização mesopotâmica. Os povos ali estabelecidos aprenderam a expressar suas ideias através duma escrita conhecida como cuneiforme (utilizada por sumérios, elamitas, semitas, assírios, hititas e persas). Nessa fase surgiram cidades-estados, reinos e impérios.

Nessa quadra constata-se a existência de sociedades complexas equipadas com sistemas jurídicos. Avulta aí o registro material dum dos seus códigos: o de Hamurabi.

Tal documento foi encontrado no ano de 1901 por uma expedição arqueológica francesa. Ele está gravado num monólito rochoso escuro de 2,25m de altura e contendo um conjunto de leis com 282 artigos.

Nesse texto encontram-se estabelecidas três categorias sociais: a) *awilum*, homens livres e merecedores de maiores compensações por injúrias, porém arcando com as multas mais pesadas por ofensas; b) *muskênum*, funcionários públicos detentores de regalias no uso de terras;

e c) *wardum*, escravos passíveis de serem comprados e vendidos como mercadoria.

Contém ele muitas referências ao comércio, onde o caixeiro viajante ocupa lugar importante. Também regulamenta a família, incluindo-se aí o divórcio, o pátrio poder, a adoção, o adultério e o incesto. Ainda estabelece regras relativas à propriedade, ao trabalho e à escravidão.

A referida codificação propunha a implantação da justiça na terra, a destruição do mal, a prevenção da opressão do fraco pelo forte de forma a propiciar o bem estar do povo e iluminar o mundo. Essa legislação estendeu-se pela Assíria, pela Judéia e pela Grécia.

Quanto ao aspecto criminal fazia valer a *lex talionis* (lei do talião): olho por olho, dente por dente. Para os diversos crimes cometidos nessa sociedade — a exemplo de incesto, bigamia, adultério, bruxaria, furto, difamação, corrupção de funcionários — as reprimendas eram bastante rigorosas. Aí a pena de morte era largamente aplicada: seja na fogueira, pela forca, por afogamento ou através de empalação. A mutilação também era pena infligida de acordo com a natureza da ofensa.

Grécia.

Outro ponto de apoio é a Grécia antiga. Infelizmente, até onde sabemos, ela não legou sinais gráficos para seu melhor conhecimento. Em virtude disso as fontes não escritas devem ser utilizadas para a reconstituição duma história do respectivo sistema jurídico.

Nessas hipóteses o historiador do direito cerca-se de maiores cuidados ao lidar com as fontes não jurídicas. É o caso de obras literárias, como uma peça de teatro. Pode ela ser utilizada para conhecimento dessa fase (caso de *Antígona*; bem como de *As vespas*). Igualmente os mitos gregos podem funcionar como elementos de pesquisa. Informações sobre a sociedade e o direito grego também podem ser obtidas em diversos suportes gravados em louça, mosaicos, couro, cera e madeira. Reforçando: a maior parte das fontes do direito grego acabou por perder-se e a precariedade de informações dificulta uma remontagem completa e precisa a respeito das leis e instituições aí vigorantes.

Ao que se sabe o antigo direito na Grécia — em especial o de Atenas — tem base na política e se apresenta como altamente consensual, participativo e instável. É por essa via que se garantiam mudanças sociais. Avulta nessa quadra a produção de legisladores, a exemplo de Drácon, Sólon e Clístenes, como importantes subsídios para a história desse direito. Contudo não temos elementos seguros para afirmar que a Grécia produziu juristas.

São fontes para a história do direito grego, entre outras, os trechos constantes das obras de Platão (*As Leis*) e Aristóteles (*A Política* e a *Ética à Nicômaco*); além de fragmentos das orações deixadas pelos retóricos (Demóstenes, Ésquines, Lísias).

No estudo dessa sistemática jurídica — a partir das obras dos seus filósofos — o primeiro problema é que não há como acolher por inteiramente verdadeiro o que ali se diz. Poderiam encontrar-se eles fazendo referência a uma sociedade hipotética e não a real da qual participavam. Por outro lado os discursos proferidos pelos exímios oradores gregos nem sempre estariam acompanhando o originário espírito da lei. Importante anotar também que a argumentação era feita para convencer jurados leigos.

Relativamente ao direito criminal num primeiro momento prevalece a vingança privada, em que a pena apresenta-se como meio de vingança. Posteriormente o estado passa a exercer o direito punitivo. Dentre os crimes aí cometidos podem ser apontados: estupro, com aplicação da pena de multa; e furto, cuja reprimenda era a restituição da quantia subtraída. Noticia-se a existência de variados tipos de homicídios: voluntário (dolo); involuntário (culpa); bem como aquele perpetrado em legítima defesa. Para o homicídio a pena era o exílio conforme determinado na legislação de Drácon, mantida por Sólon. Nesse contexto deve ser anotada a figura de Protágoras referindo-se à pena como correção e intimidação; Platão entendendo ser possível reeducar o criminoso; e Aristóteles buscando causa do crime nos fatos econômicos.

Roma.

O passo seguinte é fincado no direito romano o qual chega até à modernidade através de reelaboração (o que não foi feito com o direito grego).

Os estudos do mundo jurídico romano não teriam tantas fontes se ficassem restritos apenas à parte da sua história antiga e se as fontes escritas não tivessem sido preservadas. Torna-se importante ressaltar que o volume das fontes romanas escritas foi bastante aumentado pelos glosadores, comentadores e juristas alemães do século XIX.

O direito romano num primeiro lapso inicia-se com a época da realeza e se estende até parte do período republicano. Apresenta-se aí essencialmente consuetudinário. Essa fase refletia uma sociedade organizada em clãs e se caracterizava pela forte presença da religião na definição das normas de conduta. Nota-se nesse momento a ausência da escrita e a escassez de registros legislativos e judiciais. Aí os romanos distinguem duas espécies de ilícito penal: os lesivos ao interesse estatal, com penas públicas, corpóreas e pecuniárias; e aqueles que ofendiam apenas o interesse privado cuja sanção ficava a cargo da iniciativa particular e com pena pecuniária.

Sob o império — com Justiniano — temos, no ano de 533 d.C., uma codificação (o *corpus juris civilis*) composta de quatro partes: o *codex*; o *digesto* (também chamado de *pandectas*) que se trata duma reunião de entendimentos de jurisconsultos clássicos; as *institutas* que são um manual de estudo contendo noções gerais, definições e classificações do direito; e as *novelas*, as novas leis promulgadas pelo imperador após o ano 535.

No período clássico, que corresponde ao intervalo de maior desenvolvimento da civilização romana, a produção legislativa escrita substitui paulatinamente as normas consuetudinárias. Observa-se nesse instante que o direito e a religião distanciam-se entre si e aquele assume contornos laicos e individualistas. Podemos afirmar que no mundo romano o direito torna-se objeto duma jurisprudência profissional.

Medievo.

Outro esteio para nossa análise vem do medievo. Para entende-lo devemos partir do primitivo espirito cristão (com tendências de generosidade e de delicadeza moral) que nasce ainda no mundo romano.

Nesse período histórico encontramos uma luta política entre igreja e estado (monárquico) como um dos elementos caracterizadores da feudalidade. Tais forças estiveram em permanente conflito objetivando uma supremacia. É possível aí identificar três fases: a) autonomia eclesiástica ante o estado; b) aristocracia dos prelados; e c) igreja monárquica.

Na baixa idade média o poder eclesiástico atinge seu apogeu e é nesse intervalo de tempo que os reis recebem o poder através da igreja (sagrando-os e excomungando-os).

O cristianismo rumou ao poder gradativamente e conseguiu consolidar sua estrutura elaborando uma normatização particular: o direito canônico. Tal regramento — durante a maior parte da idade média — era o único direito escrito. Passou a ser comentado e analisado a partir da alta idade média e perdura até os nossos dias.

Durante o medievo o cristianismo impõe seus valores éticos e morais sobre as legislações europeias, consolida institutos de processo penal e aborda também temas criminais (vide Tomás de Aquino), como a pobreza gerando o roubo, além de tratar da justiça distributiva.

Direito canônico.

O direito canônico apresentou-se como necessidade prática dos prelados. Visava organizar e manter a ordem de acordo com os preceitos divinos estabelecidos e divulgados pela igreja católica. Alguns fatores determinaram sua ascensão e predomínio sobre o direito feudal: a) monopólio da escrita por parte dos clérigos (enquanto os senhores feudais, quase sempre iletrados, praticavam o direito consuetudinário menos seguro); b) ideia católica de que sendo o criador justo e poderoso não deixa nenhum puro e honesto padecer injustiça; c) pregação de ser o homem falho (leia-se: os senhores feudais) e capaz de fazer juízo falso, porém a divindade nunca erra e sua representante na terra (a santa madre igreja católica e apostólica romana) é infalível.

Tem-se como direito canônico o conjunto de normas jurídicas de origem divina e humana (mas sempre de inspiração divina); reconhecido ou promulgado por autoridade da igreja católica romana determinando a organização e a atuação dos fiéis. A finalidade e o princípio norteador do direito canônico é a *salus animarum* (a salvação das almas), baseado na fraternidade e na harmonia visando o bem comum de toda a sociedade em conjunto com a normatização do estado (direito laico). Sob o aspecto histórico o direito canônico teve na idade média uma relação de dependência recíproca com o direito romano e formando progressivamente o denominado "direito comum".

Diferentemente do direito canônico o direito eclesiástico tem por objetivo reger o relacionamento da igreja (considerada como estado) nos assuntos externos com entes dotados de personalidade internacional (direito público externo); e em suas relações jurídicas com os habitantes do Vaticano (direito público interno).

Criminologia pré-científica.

Como visto o estudo da ideia de crime percorre um longo caminho até atingir o ponto de nascimento duma criminologia pré-científica. Ela pode ser representada por alguns pensadores e suas respectivas tendências: Thomas Morus (acredita ser a riqueza uma das causas do delito, 1516); Della Porta (estuda o caráter dos indivíduos através dos traços fisionômicos, a fisiognomonia, 1586); Montesquieu (aconselha o legislador a evitar a ocorrência do ilícito em vez de apenas penalizar, 1748); Cesare Bonesana, o marquês de Beccaria (estuda o binômio delito e pena, 1764); Voltaire (elege a pobreza como fator criminógeno, 1768); Kaspar Lavater (assenta que o criminoso traz sinais da maldade estampado no rosto, 1775); Jeremy Bentham (advoga a vigilância severa dos presos, o *panopticon*, 1787); Franz Gall (associa às dimensões do crânio certos tipos de delitos, 1800); Adolphe Quetelet (projeta estudos estatísticos acerca da criminalidade; insere os primeiros estudos sobre as cifras negras do ilícito, vale dizer: fatos criminosos não comunicados formalmente aos órgãos estatais, 1835).

Nessa etapa pré-científica dois enfoques são bastante claros e tentam anular um ao outro: a) a defesa de métodos dedutivos e lógico-formais; e b) a utilização do método empírico indutivo experimental.

Criminologia científica.

Para alguns estudiosos o fundador da criminologia moderna seria Francesco Carrara em virtude de ter lançados os primeiros lineamentos do pensamento criminológico na sua obra "Programa de direito criminal" (1859). Outros entendem que teria sido Cesare Lombroso em razão da sua obra "O homem delinquente" (1876). Existem opiniões na defesa do antropólogo Paul Topinard por ter usado a palavra criminologia pela vez primeira (1879). Há também aqueles defensores de Rafael Garófalo pois este utiliza a expressão como título duma obra científica (1885).

Independentemente da polêmica sobre uma possível paternidade da criminologia podemos afirmar que essa ciência, como saber estruturado sistematicamente, nasce com as escolas jurídicas a partir do século XIX: a clássica e a positivista. Isto porque o pensamento jurídico-penal orienta-se por filosofias jurídicas que se encontram agrupadas, para fins de estudo, nessas escolas.

A escola clássica procura firmar-se no jusnaturalismo (direito natural, eterno e imutável) e no contratualismo (utilitarismo) decorrendo daí seus principais fundamentos: crime como ente jurídico; punibilidade com base no livre-arbítrio; pena retributiva pela culpa moral, maneira de prevenir o delito e restaurar a ordem social; e utilização do método e raciocínio lógico-dedutivo.

Por seu turno na escola positivista identificam-se tendências básicas: a) causa do delito residente no próprio delinquente (organicismo); b) origem do crime a partir dos mecanismos sociais (sociologismo); e c) razão do crime no elemento biopsicossocial (psicologismo).

Como ensina Roberto Lyra Filho:

"Os positivistas conservam a tendência a enxergar todo o Direito na ordem social estabelecida pela classe e grupos dominantes, diretamente (com suas normas costumeiras) ou através das leis do Estado. Os iurisnaturalistas insistem na necessidade dum critério de avaliação dessas mesmas normas, para medir-lhes a "Justiça" (isto é, a legitimidade da origem e conteúdo); entretanto, não conseguem determinar satisfatoriamente o padrão da medida."[1]

Um extremo (letra a: pensamento organicista) procura as causas da criminalidade no arquétipo do criminoso nato (traços morfológicos, influência do darwinismo); o outro (letra b: ideia sociológica) busca a resposta na própria sociedade; mais adiante abre-se uma terceira via (letra c: investigação biopsicológica) buscando a etiologia do ilícito na psique humana.

---

[1] Roberto Lyra Filho. O que é o direito. 11ª ed. Editora Brasiliense: São Paulo, pág. 31.

Importante anotar que nesse último seguimento procura-se utilizar estudos da endocrinologia associando a agressividade à testosterona (hormônio masculino); de genética buscando identificar no genoma humano um possível conjunto de genes determinantes da criminalidade; e da psicologia e sociologia atribuindo peso ao fator mesológico, bem como tentando explicações em transtornos oriundos da violência familiar e das condições socioeconômicas, dentre outros.

Identifica-se no positivismo os seguintes pontos: direito penal como obra humana; responsabilidade decorrente do determinismo social; crime como fenômeno natural e social; pena como instrumento de defesa social; e método indutivo-experimental.

A criminologia, enquanto ciência, tem estrito delineamento estruturado e sistematizado. Para entendê-la deve-se buscar os primórdios do pensar acerca do fenômeno criminógeno e a ampla conexão com as várias esferas do conhecimento. Trata-se de conhecimento dinâmico a sofrer mudanças constantes tendo em vista que seu objeto de abordagem monta-se em aspectos sociais, econômicos e políticos impeditivos de possível consenso.

Os estudos da criminologia, em razão de cometimento crescente das condutas tidas por desviadas, ganha cada vez mais relevância e notoriedade. À guisa de conclusão tem-se que a conduta humana — contrária à lei — causa danos às pessoas, pela visão estatal. Cabe à criminologia, enquanto ciência social, contemplar as transgressões (éticas, morais e legais) em seu aspecto de conduta individual e vendo-as também enquanto problema social.

Memória do capítulo 1.

Histórico da ideia de crime e da criminologia.

Mesopotâmia.

Código de Hamurabi: justiça na terra; destruição do mal; prevenção da opressão do fraco pelo forte; bem estar do povo; lei do talião (olho por olho, dente por dente); pena de morte (fogueira, forca, afogamento, empalação).

Grécia.

Direito consensual, participativo e instável; legisladores (Drácon, Sólon e Clístenes); fontes, Platão (*As Leis*), Aristóteles (*A Política* e a *Ética à Nicômaco*), fragmentos dos retóricos (Demóstenes, Ésquines, Lísias); direito criminal, vingança privada e direito punitivo estatal; pensadores, Protágoras, pena como correção e intimidação; Platão, reeducação do criminoso; Aristóteles, causa do crime na economia.

Roma.

Realeza, direito consuetudinário; ilícito penal como lesivo ao interesse estatal, penas públicas, corpóreas e pecuniárias; ofensa privada, sanção pelo particular com pena pecuniária.

Império (*corpus juris civilis* (*codex*, *digesto*, *institutas* e *novelas*). Período clássico, produção legislativa escrita substitui normas consuetudinárias; distanciamento direito e religião; jurisprudência profissional.

Medievo.

Primitivo espirito cristão; valores éticos e morais; consolidação de institutos do processo penal; temas criminais, pobreza gerando o roubo; justiça distributiva; luta política entre igreja e estado; fases da luta: autonomia eclesiástica ante o estado, aristocracia dos prelados e igreja monárquica.

Direito canônico.

Normas jurídicas divinas e humana; reconhecimento pela igreja católica romana; salvação das almas (*salus animarum*) como objetivo; necessidade prática dos prelados; predomínio sobre o direito feudal; monopólio da escrita pelos clérigos; ideia católica do criador justo e poderoso não deixando o puro e honesto padecer injustiça; o homem é falho mas a divindade nunca erra e sua representante na terra é infalível.

Direito eclesiástico.

Regência do relacionamento da igreja (estado) nos assuntos externos com entes dotados de personalidade internacional (direito público externo); e em suas relações jurídicas com os habitantes do Vaticano (direito público interno).

Criminologia pré-científica.

Enfoques importantes: a) a defesa de métodos dedutivos e lógico-formais; e b) a utilização do método empírico indutivo experimental.

Pensadores: Thomas Morus, riqueza uma das causas do delito (1516); Della Porta, caráter dos indivíduos através dos traços fisionômicos (1586); Montesquieu, evitar a ocorrência do ilícito em vez de apenas penalizar (1748); Cesare Bonesana, binômio delito e pena (1764); Voltaire, pobreza como fator criminógeno (1768); Kaspar Lavater, sinais da maldade no rosto do criminoso (1775); Jeremy Bentham, vigilância severa dos presos (1787); Franz Gall, dimensões do crânio identificadores de tipos delituosos (1800); Adolphe Quetelet, estudos estatísticos acerca da criminalidade; cifras negras (1835).

Criminologia científica.

Estudiosos: Francesco Carrara, "Programa de direito criminal" (1859); Cesare Lombroso, "O homem delinquente" (1876); Paul Topinard, uso da palavra criminologia (1879); Rafael Garófalo, criminologia como título de obra científica (1885).

Escolas jurídicas: clássica e positivista.

Escola clássica.

Jusnaturalismo (direito natural, eterno e imutável) e contratualismo (utilitarismo). Principais fundamentos: crime como ente jurídico; punibilidade com base no livre-arbítrio; pena retributiva pela culpa moral, maneira de prevenir o delito e restaurar a ordem social; e utilização do método e raciocínio lógico-dedutivo.

Escola positivista.

Tendências básicas: a) causa do delito residente no próprio delinquente (organicismo); b) origem do crime a partir dos mecanismos sociais (sociologismo); e c) razão do crime no elemento biopsicossocial (psicologismo).

Identificadores: direito penal como obra humana; responsabilidade decorrente do determinismo social; crime como fenômeno natural e social; pena como instrumento de defesa social; e método indutivo-experimental.

Ciência criminológica.

Conhecimento dinâmico estruturado e sistematizado; ampla conexão com as várias esferas do conhecimento; objeto de abordagem montado em aspectos sociais, econômicos e políticos impeditivos de possível consenso.

Importância: contemplar as transgressões (éticas, morais e legais) em seu aspecto de conduta individual e as vendo também enquanto problema social.

Temática do capítulo 1. Consultar:

Arthur Santileone. **Direito Penal Brasileiro e Psicologia Jurídica**. e-book Amazon, 2021.

Nestor Sampaio Penteado Filho. **Manual esquemático de criminologia**. 2ª ed. São Paulo: Saraiva, 2012.

Newton Fernandes e Valter Fernandes. **Criminologia integrada**. 3ª ed. rev. atual, ampl. São Paulo: Editora Revista dos Tribunais, 2010.

Roberto Lyra Filho. **O que é o direito**. 11ª ed. Editora Brasiliense: São Paulo.

Sérgio Salomão Shecaria. **Criminologia**. 4ª ed. São Paulo: Editora Revista dos Tribunais, 2012.

Zaffaroni, Eugenio Raúl. **En torno de la cuestión penal**: Julio César Faria Editor, Buenos Aires, 2005.

Capitulo 2 – Legislação criminal no Brasil.

Sumário: Gênese da legislação criminal no Brasil. Código criminal de 1830. Código penal de 1890. Consolidação das leis penais de 1932. Código penal de 1940. Código penal de 1969. Reforma da parte geral do código penal em 1984.

Gênese da legislação criminal no Brasil e o código de 1940.

Do ponto de vista legislativo o direito criminal entre nós poderia ter como ponto de partida (1603) o livro V das ordenações de Felipe II da Espanha. Foi aqui vigente até o ano de 1830. Tal regramento é típico da época: prevê penas corporais, suplícios degradantes, morte por enforcamento, banimento; e mistura normas éticas e religiosas com as puramente criminais. É tudo bem representativo do direito penal da vingança pública e com tratamento desigual entre as pessoas em razão da origem ou da posição social.

Código criminal de 1830.

Com o advento da separação política entre Brasil e Portugal tivemos o surgimento do código criminal do império — datado de 16 de dezembro de 1830 — embasado no projeto Bernardo Pereira de Vasconcelos e que sofre a influência dos códigos penais da França (1810), da Baviera (1813) e de Nápoles (1819). Foi uma normatização bastante avançada para a época e em razão disto chegou a inspirar os novos códigos penais da Espanha (1848) e de Portugal (1852).

Código penal de 1890.

Um novo estatuto criminal entre nós surgiu com o advento da república (1889), através do decreto de 11 de outubro de 1890. Com má redação, falhas e lacunas fez surgir copiosa legislação extravagante que finda por originar uma consolidação das leis penais instituída por decreto (nº 22.213) de 14 de dezembro de 1932.

Código penal de 1940.

Em 1937, durante a ditadura do estado novo comandada por Getúlio Vargas, procurou-se elaborar uma nova lei de regência a partir do "Projeto do Código Criminal Brasileiro" elaborado por Alcântara Machado. Vem à luz o terceiro código penal da nossa história como país soberano onde se repousa a ideia de

> "Reforçar a defesa coletiva contra a criminalidade comum e resguardar as instituições contra a criminalidade política, são imperativos a que não pode fugir o legislador em países organizados da maneira por que atualmente se encontra o nosso" Alcântara Machado.[2]

Tal projeto contou com uma comissão revisora composta por Nelson Hungria, Vieira Braga, Narcélio de Queirós e Roberto Lyra. Trata-se de obra eclética tendo em vista que concilia no seu texto as ideias dos neoclássicos com o positivismo, conforme foi salientado na própria exposição de motivos. O novo ordenamento foi instituído através do decreto-lei nº 2.848 de 07 de dezembro de 1940, com fulcro no artigo 180 da então vigente constituição dos Estados Unidos do Brasil (outorgada em 10 de novembro de 1937).

Código penal de 1969.

Na década de 60 do século passado teve início um movimento no sentido de dotar o país de novo código para a área criminal. Não poucos debates e conferências foram realizados por todo o país sobre isso. Nasce

---

[2] Projeto do código criminal brasileiro. São Paulo: Revista dos Tribunais, 1938, p. 13.
Sobre o tema ver: (ver Mariana Silveira Moraes, Vida e morte de um projeto bandeirante: Alcântara Machado e o Código Penal de 1940: Revista do CAAP, 1º semestre, 2009)

daí o anteprojeto elaborado pelo professor Nelson Hungria, publicado em 1963.

No ano seguinte à apresentação do anteprojeto Nelson Hungria os militares instalaram-se no poder, através de golpe de estado. Os então detentores do poder político persistiram na ideia de criar-se uma legislação criminal inteiramente nova. Iniciaram-se estudos visando a elaboração dos códigos reguladores da matéria, quais sejam: penal, processual penal, penal militar, processual penal militar e lei de execução penal.

O projeto Nelson Hungria passa pelo crivo duma comissão revisora da qual participara o próprio autor e os professores Anibal Bruno (como presidente) e Heleno Cláudio Fragoso. O novo projeto para a lei penal — cuja revisão final esteve a cargo dos professores Benjamin Moraes Filho, Heleno Cláudio Fragoso e Ivo D'Aquino — foi apresentado à junta militar que exercia o poder executivo. Esta (com base no artigo 3º do ato institucional nº 16 de 14 de outubro de 1969; combinado com o § 1º do artigo 2º do ato institucional nº 5 de 13 de dezembro de 1968) impôs o novo código através do decreto-lei nº 1.004 de 21 de outubro de 1969. Sua vigência foi determinada para o dia 1º de janeiro do ano seguinte. Tal regramento, bastante avançado e de excelente redação, entretanto teve sua vigência adiada por ordenamentos posteriores. Terminou por ser revogado em decorrência da lei nº 6.578 de 11 de outubro de 1978.

O código penal, conforme visto *ut retro*, instituído através do decreto-lei nº 2.848 de 7 de dezembro de 1940, desta forma continua em vigor.

Reforma da parte geral do código penal em 1984.

O aludido *codex* (de 1940) vem sofrendo várias alterações no texto primitivo. Como exemplo citamos a lei nº 7.209 de 11 de julho de 1984 onde se alterou substancialmente toda a parte geral do código em questão. Dentre as principais inovações tivemos: a) cancelamento — tanto na parte especial quanto na legislação criminal extravagante — da expressão "multa de", que é substituída apenas por "multa"; permitindo por essa via a aplicação do novel artigo 49; b) quando da fixação da pena o juiz passa obrigatoriamente a sopesar o comportamento da vítima (art.

59); c) aplicação de atenuante inominada (art. 66); d) previsão das penas restritivas de direitos (prestação de serviços à comunidade, interdição temporária de direitos e a limitação de fim de semana), art. 43 e incisos I, II e III; e) cumprimento das penas privativas de liberdade através dos regimes progressivos fechado, semiaberto e aberto (art. 33 e §§ 1º a 3º); f) nova formatação do concurso de pessoas (art. 29); g) conceito amplo da omissão como causa do resultado (art. 13); h) acolhimento do sistema vicariante em substituição ao obsoleto sistema do duplo binário.

A vigência do texto inovado — por força do artigo 5º da referida lei — deu-se às 24 horas do dia 12 de janeiro de 1985.

Memória do capítulo 2.

Gênese da legislação criminal no Brasil.

Livro V das ordenações de Felipe II da Espanha (1603)
Código criminal do império (1830)
Código penal (1890)
Código penal (1940)
Código penal (1969)
Reforma da parte geral do código penal (1984)

Temática do capítulo 2. Consultar:

Altamiro de Araujo Lima Filho. Anotações ao código penal (parte geral). 4ª ed. Leme: Mundo Jurídico Editora, 2011.

Capítulo 3 – Crime.

Sumário: Conceito de crime (jurídico-formal, jurídico-material, sociológico, antropológico). Contravenções penais e infrações de menor potencial ofensivo. Crime e sua etiologia.

Conceito de crime.

O primeiro elemento a ser observado a partir da rubrica do título II e dos artigos 13 e 14 do código penal é a noção de crime.

O primeiro mandamento referido não chega a conceituar o que se deva entender como tal. Conforme se observa ele cuida inicialmente apenas estabelecer uma relação de causalidade (*O resultado, de que depende a existência do crime, somente é imputável a quem lhe deu causa. Considera-se causa a ação ou omissão sem a qual o resultado não teria ocorrido*).

É no artigo 14 que o legislador efetivamente assenta aquilo que deve ser entendido como ato ilícito (*Diz-se o crime: Crime consumado: I – consumado, quando nele se reúnem todos os elementos de sua definição legal; Tentativa: II – tentado, quando, iniciada a execução, não se consuma por circunstâncias alheias à vontade do agente*).

Para melhor entender o tema há de ter-se em mente antes de tudo o artigo 1º do código penal. Ali é dito que somente haverá crime a partir de lei anterior que o defina. Tal mandamento contém em si dois princípios fundamentais: o da reserva legal (também chamado da legalidade) e o da anterioridade. Encontra-se desta forma em perfeita consonância com o artigo 5º da constituição federal quando reza não haver *crime sem lei anterior que o defina, nem pena sem prévia cominação legal*.

Conclui-se assim ser ilícito (do ângulo jurídico-formal) aquele comportamento humano descrito em lei (tipicidade); praticado comissiva ou omissivamente e que contraria interesse do estado (antijuridicidade); realizado livre e conscientemente por alguém culpável (culpabilidade).

Outra noção sobre o tema advém do artigo 1º do decreto-lei nº 3.914 de 9 de dezembro de 1941 (introdução ao código penal e às contravenções penais) ao estabelecer que crime e contravenção são espécies do gênero delito. O primeiro é

> "a infração penal a que a lei comina pena de reclusão ou de detenção, quer isoladamente, quer alternativa ou cumulativamente com a pena de multa".

A segunda é

> "a infração penal a que a lei comina, isoladamente, pena de prisão simples ou de multa, ou ambas, alternativa ou cumulativamente."

Nenhuma delas é aceitável nos dias atuais.

Contravenções penais e infrações de menor potencial ofensivo.

Sem dúvida o critério utilizado pela introdução ao código penal e às contravenções penais mostra-se impreciso e insuficiente, notadamente em nossa atual normatização criminal. Observe-se a existência de crimes a que são cominadas somente pena de multa.

De qualquer sorte podemos entender que as contravenções penais são sempre consideradas como detentoras de ofensividade mais branda. São os chamados delitos anões (*delitti nani*) no dizer dos italianos. Modernamente a nossa legislação admite como infrações de menor potencial ofensivo todas aquelas cuja pena máxima não ultrapasse dois anos de privação de liberdade, a teor do estabelecido pelas leis nº 9.099/1995 e nº 10.259/2001.

Crime e sua etiologia.

Doutrinariamente, partindo do ângulo jurídico-formal e à luz da legislação criminal pátria, entende-se como crime o comportamento humano descrito em lei (tipicidade); praticado comissiva ou omissivamente contrariando interesse do estado (antijuridicidade); realizado livre e conscientemente por alguém culpável (culpabilidade).

Do ponto de vista jurídico-material pode conceituar-se o ilícito como a violação dum bem protegido pelo ordenamento jurídico (como norte: homicídio, matar alguém, art. 121; furto, subtrair coisa alheia, art. 155; todos do código penal).

Observando esse fenômeno sociologicamente o entenderemos como uma quebra de regra costumeira, estabelecida em lei e causadora de incômodo social, respondida com reprimenda estatal.

Antropologicamente o crime implica numa afronta à ideia dominante no grupo social (crença religiosa ou política, como exemplos).

Esse fenômeno criminógeno há de ser visto em seus ângulos fundamentais: delito, criminoso, vítima e pena.

Fixadas tais premissas pode iniciar-se a análise do que seja crime e sua etiologia.

O ilícito apresenta-se como fato social multifacetado a ser definido através do seu conteúdo factual e historicamente condicionado a determinadas circunstâncias. A esse fenômeno jurídico a ordem social estabelecida opõe-lhe resistência através da criação de tipos e punições respectivas; as quais variam através do tempo e do espaço. Como modelos: a) Hoje matar alguém é crime nos países americanos; porém tal conduta, quando perpetrada contra os índios na fase da implantação e expansão da colonização europeia nas américas, era prestação de serviço à sociedade e ao estado. b) Considerar determinado ser humano como inferior, em razão da pigmentação da pele, atualmente no Brasil é tido como ilícito; mas durante o período colonial e imperial brasileiro era coisa normal e atípica. c) Constranger ou sequestrar alguém é conduta delituosa em nossos dias aqui no Brasil; contudo durante momentos em que vivenciamos ditaduras tais práticas foram largamente utilizadas. d) Mendigar e explorar a credulidade pública mediante sortilégios, predição do futuro e explicação de sonho na atualidade nacional não constituem condutas vedadas penalmente; mas o foram em determinado momento histórico (1940 a 1997, explorar crendice; 1940 a 2009, mendigar).

À pesquisa histórico-sociológica cabe analisar essas mudanças no direito de cada sociedade. Desta forma construções jurídicas como estado de necessidade, legítima defesa, estrito cumprimento do dever legal e exercício regular de direito (art. 23 do código penal) ganham ares de autonomia ontológica; mas são variáveis no tempo e de juridicidade ocasional.

Repassando o que foi visto. O direito criminal utiliza conceitos vários de delito: formal, analítico, material, sociológico e antropológico. Do ângulo formal interessa a existência duma lei penal descrevendo a atuação tipificada e impondo-lhe correspondente apenação. O conceito material vincula-se ao ato possuidor de danosidade social provocando lesão a um bem jurídico estabelecido legalmente. Já do ponto de vista analítico expõe-se os elementos estruturais e aspectos essenciais constitutivos do conceito de crime.

Os componentes enunciados permitem a análise hermenêutica do crime. Desta forma é possível ao intérprete aplicar a norma abstrata ao caso concreto. Formalmente havendo uma lei criminal tipificando certa conduta, se ausente qualquer cláusula de exclusão da ilicitude, haverá ilícito. Materialmente sobreleva o princípio da intervenção mínima em razão de somente haver crime quando a conduta atenta contra os bens mais importantes. E mesmo sendo o bem importante e necessário, porém não havendo uma lei penal protetora, não existirá delito por conta do princípio da legalidade.

De outra banda — e ainda repassando o que foi exposto para melhor fixação — tenha-se em mente que o descumprimento de regra costumeira (estabelecida em lei, causadora de incômodo social e respondida com reprimenda) apresenta-se como fenômeno sociológico; e a afronta à ideia dominante no grupo social (crença religiosa ou política, como exemplos) é campo de estudo da antropologia.

Nesse momento torna-se importante lembrar que a criminologia moderna assenta-se no dogma de que convivemos numa sociedade conflitiva onde se torna necessário entender a dinâmica da conduta desviada e intervir nesse processo com o intuito de dissuadir a sua prática por parte do agente.

Memória do capítulo do capítulo 3.

Legislação.

Constituição federal:
Artigo 5º, XXXIX – não há *crime sem lei anterior que o defina, nem pena sem prévia cominação legal* (Princípios: *reserva legal*; *anterioridade*).

Decreto-lei nº 2.848/1940 (código penal):
artigo 1º
Não há crime sem lei anterior que o defina. Não há pena sem prévia cominação legal.
Artigo 13 (Relação de causalidade)
O resultado, de que depende a existência do crime, somente é imputável a quem lhe deu causa. Considera-se causa a ação ou omissão sem a qual o resultado não teria ocorrido.
Artigo 14 (Diz-se o crime)
crime consumado
I – consumado, quando nele se reúnem todos os elementos de sua definição legal;
tentativa.
II – tentado, quando, iniciada a execução, não se consuma por circunstâncias alheias à vontade do agente.

Decreto-lei nº 3.914/1941:
crime:
infração penal a que a lei comina pena de reclusão ou de detenção, quer isoladamente, quer alternativa ou cumulativamente com a pena de multa.
contravenção:
infração penal a que a lei comina, isoladamente, pena de prisão simples ou de multa, ou ambas, alternativa ou cumulativamente.

Leis nº 9.099/1995 e nº 10.259/2001:
Ofensividade mais branda (*delitti nani*)

Menor potencial ofensivo (pena máxima: dois anos de privação de liberdade)

Conceito de crime:

Jurídico-formal (tipicidade, antijuridicidade, culpabilidade).

Jurídico-material (violação de bem protegido pelo ordenamento jurídico).

Sociológico (costume, regra [incômodo/reprimenda], criação legal.

Antropológico (ideia dominante [exemplos: religião, política]).

Fenômeno criminógeno:

Ângulos fundamentais (delito, criminoso, vítima, pena).

Ciência criminológica.

Conhecimento (empírico, interdisciplinar).

Foco (manifestações ilícitas, efeitos, causas e concausas).

Objeto (fato criminoso, infrator, vítima, controle social).

Abordagens da criminologia:

Conservadora (consenso).

Etiologia individual/conserto (conduta, efeitos, personalidade, periculosidade, controle social, assistência ressocializadora).

Ordem social imaginária (ideologia dominante, ideias de proteção geral, igualdade legal).

Inovadora (conflito).

Ordem social real (classe).

Eliminação das disparidades sociais.

Temática do capítulo 3. Consultar:

Arthur Santileone. **Direito Penal Brasileiro e Psicologia Jurídica**. e-book Amazon, 2021.

Nestor Sampaio Penteado Filho. **Manual esquemático de criminologia**. 2ª ed. São Paulo: Saraiva, 2012.

Newton Fernandes e Valter Fernandes. **Criminologia integrada**. 3ª ed. rev. atual, ampl. São Paulo: Editora Revista dos Tribunais, 2010.

Nilo Batista. **Introdução crítica ao direito penal brasileiro**. 11ª ed. Rio de Janeiro: Revan, 2007.

Roberto Lyra Filho. **O que é o direito**. 11ª ed. Editora Brasiliense: São Paulo.

Sérgio Salomão Shecaria. **Criminologia**. 4ª ed. São Paulo: Editora Revista dos Tribunais, 2012.

Capítulo 4 – Criminologia: conceito, objeto, delimitação e interdisciplinaridade.

Sumário: Conceito de criminologia. Objeto e delimitação da criminologia. Criminologia no quadro das ciências humanas e interdisciplinaridade.

Conceito de criminologia.

Tradicionalmente quando se apresenta uma disciplina o passo inicial — conforme comenta Zaffaroni[3] — é fornecer uma definição dela objetivando estabelecer seu horizonte de projeção ou limites epistemológicos.

Fixa-se aí o objeto de estudo, o método, finalidade e funções.

Em homenagem a essa tradição poder-se-ia dizer, como exemplo, que a

> "criminología es el análisis crítico de los saberes no estrictamente jurídicos acerca de la cuestión criminal, para reducir los niveles de violencia a ella vinculados" (Zaffaroni).

Poderíamos também utilizar a definição fornecida por Hilda Marchiori:

> "La Criminologia es una disciplina cientifica e interdisciplinaria que tiene por objeto el estudio y analisis del delito, de la pena, delincuente, victima, criminalidad, reaccion social institucional, cultural y economica, a los fines de la explicacion, asistencia y prevencion de los hechos de violencia".[4]

---

[3] Eugenio Raúl Zaffaroni. En torno de la cuestión penal. Buenos Aires: Julio César Faria Editor, 2005.

[4] Hilda Marchiori. Criminología – Teorías y pensamientos. México (DF): Editorial Porrúa 2004, pág. 3.

Seguindo a regra costumeira o próximo passo seria avançar com a exegese da definição apresentada. Impõe-se aí um ato de autoridade. Isso pode ser descrito como arbitrário.

No campo da criminologia — adianta o referido autor — sempre devemos desconfiar de todas as imposições. Isto porque se trata de conhecimento tão ligado ao poder que às vezes está plenamente identificado com ele. Em razão disso nunca podemos aceitar sem críticas uma colocação doutoral sem a comprovação daquilo que foi afirmado.

Ainda segundo Zaffaroni para mostrar a razão da definição será necessário desenvolver tudo o que ela contém. Afinal para ser verdadeira deverá ser tautológica (abrange tudo aquilo que foi definido).

Por tal motivo a definição somente pode ser compreendida totalmente ao terminar o caminho. Ou seja: a rota deve ser a verificação da não arbitrariedade da definição.

Nesta demonstração (ou revelação) faz-se necessário esclarecer as sucessivas etapas aproximativas. Geralmente estas etapas são seguidas numa disciplina de acordo com uma prioridade lógica estabelecendo quais elementos devem ser considerados antes de outro.

A peculiaridade da criminologia é que a melhor aproximação à sua definição deve substituir a prioridade lógica pela precedência cronológica. Isto é: seu curso no tempo. Uma primeira aproximação, de acordo com essa ordem, pode mostrar o caminho a ser seguido e as razões que levam a privilegiá-lo.

Por via de consequência do que foi dito poderemos entender — como hipótese provisória de abordagem — a criminologia como área do conhecimento focada no fenômeno criminógeno identificando manifestações típicas concretas e seus efeitos, bem como buscando-lhe causas e concausas.

Nessa quadra é importante anotar que os conceitos e definições oferecidos serão sempre decorrentes de posicionamento ideológico do cientista. Isto porquanto se encontra o pensador envolvido no processo histórico-social onde atua simultaneamente como ator e observador.

Sendo assim há quem entenda a criminologia conservadoramente ou de forma inovadora: a) Pode-se enxergar essa ciência como uma procura das causas do fenômeno na etiologia individual e indicando a receita para conserto do infrator (preocupação com conduta, efeitos, personalidade, periculosidade, controle social e assistência ressocializadora). Ou b) Lícito também é olhar esse conhecimento de maneira revolucionária fazendo distinção entre a ordem social imaginária (ideologia dominante ornada com as ideias de proteção geral e igualdade legal) e a ordem social real (opressiva, classista e desigual) nas quais repousam o fenômeno criminoso a ser superado (quiçá com a eliminação das disparidades sociais).

Em qualquer dos casos a criminologia será entendida como disciplina empírica trabalhado com análise de fatos concretos através da observação e da experimentação focando o autor da conduta desviada e o meio onde ela ocorre. Também se apresenta como conhecimento interdisciplinar; já que se nutre de outras ciências a exemplo da psicologia, da biologia, da história, da sociologia, da antropologia, da economia política e outros ramos do saber.

Objeto e delimitação da criminologia.

Conforme afirmamos essa disciplina encontra-se focada no fenômeno criminógeno identificando manifestações concretas e seus efeitos, bem como buscando-lhe causas e concausas.

Seus estudos são pautados na metodologia empírica analisando de maneira indutiva-experimental o comportamento desviado e buscando a comprovação científica das causas.

Considerando seu caráter interativo interdisciplinar temos que ela se socorre de outras ciências, tais como a sociologia, a psiquiatria e a política criminal, dentre outras.

Tem-se portando a criminologia na condição de ciência interdisciplinar empírica calcada na observação e na experiência voltada para o seguinte: a) o fato criminoso; b) o infrator; c) a vítima; e d) o controle social do comportamento ilícito.

Assim sendo esse ramo do saber estuda o crime, o criminoso, a vítima, as circunstâncias sociais que cercam o evento; bem como as possíveis maneiras de controle, prognóstico e erradicação do delito. Tudo dentro duma visão pluridimensional e interacionista elaborando teorias para conhecimento e domínio da realidade.

Parte-se daí para a elaboração de políticas criminais com idealizações e proposituras de soluções legais (direito penal). Continua o ciclo com a postcrior avaliação do impacto produzido pcla nova regulamentação jurídica sobre a criminalidade. Fecha-se o ciclo com novas observações empíricas buscadas na realidade social.

Conforme se percebe o seu objeto específico é o crime e a criminalidade. Aborda-se aí o fato ilícito, o agente causador e os mecanismos de controles formais e informais disponíveis, bem como o comportamento da vítima ante casos concretos.

Numa visão tradicional temos que a criminologia parte do tipo criminógeno procurando em situações fáticas identificar as causas da conduta delituosa e entender a personalidade do ator. Segue-se a isso a busca dos meios possíveis de controle social para recondução do infrator aos caminhos desejados pelo estado. *Pari passu* ocupa-se do comportamento da vítima (vitimologia).

A criminologia tradicional portanto cuida de investigar a gênese, a dinâmica e as variáveis do fato delituoso; elegendo este como problema individual e social. E cuida de oferecer proposições e técnicas para prevenção do crime, bem como tratamento adequado ao infrator.

Tratando-se de saber fundado na prática e na análise dos fenômenos do seu interesse ela tem o mundo real como campo de estudo. Ela não se apresenta como ciência normativa e valorativa, como é o caso do direito criminal. Aliás estas duas disciplinas têm como ponto de partida o fato delituoso. Contudo os enfoques são diferentes: o direito penal, normativo que é, tem o delito como agir (positivo ou negativo) típico, antijurídico e culpável. A conduta eleita é tipificada pelo estado o qual passa a atribuir-lhe uma pena específica. Já a criminologia percebe o ilícito como fenômeno antropológico e sociológico estudando a incidência do tipo, a repercussão social, as causas possíveis e formas de controle e de recondução do criminoso aos trilos desejados pela sociedade.

Nessa quadra torna-se importante salientar que o crime não se encontra inscrito no cosmo. Ele não existe na natureza e longe está de ser uma manifestação exclusivamente biológica. Antes é ele mera criação cultural nascida do interesse social e estatal de controlar condutas. Surgem daí as noções jurídicas de tipicidade, antijuridicidade e culpabilidade. A sociedade inventa seus delitos e os rotulam conforme suas necessidades estabelecendo gradações de ofensividade. O delito portanto é transgressão social e ante ela se busca uma regulação coletiva albergada pelo estado o qual lhe impõe punibilidade.

Finalidades e metodologias da criminologia.

A ciência criminológica tem como finalidade demonstrar a etiologia do fato delituoso buscando as causas determinantes e analisando a conduta e a personalidade do sujeito ativo do lícito. Identificados tais elementos procura apontar caminhos para aplicação de medidas corretivas que possibilitem a pacificação social.

Trata-se de ciência empírica cujo campo experimental é quase sempre inviável ou ilegal. O seu trabalho exige rigor metodológico da observação dos fatos para testar hipóteses, daí utiliza técnicas indutivas (subjetivismo, intuição, empatia), indiciárias (sintomas, vestígios, relatos, questionários) e da interdisciplinaridade visando estabelecer cânones. Estes contudo devem sempre considerar a transitoriedade dos mesmos em razão do jogo dialético da realidade social.

Como matéria interdisciplinar busca apoio em outras ciências e dentre elas a filosofia, a sociologia, a antropologia, o direito, a criminalística, a biologia e a psicopatologia, dentre outras.

Métodos quantitativos e qualitativos da ciência criminológica.

O método, como se sabe, é ferramenta de busca no esclarecimento de fatos naturais ou sociais. Deve ele ser sistematizado através de experiências repetidas e comparadas objetivando demonstrar hipóteses. No caso da criminologia utilizam-se métodos estatísticos, históricos, sociológicos e biológicos para estudar objetos específicos: o crime e a criminalidade.

Vimos que a criminologia é uma ciência interdisciplinar cujos conhecimentos são decorrentes da observação e da experiência. Para tanto ela utiliza técnicas teórico-metodológicas como estratégia para investigação do fato criminógeno. As pesquisas sociológicas aí desenvolvidas por ela podem ser agrupadas da seguinte maneira: a) *extensiva*; b) *intensiva*; e c) *investigação-ação*.

Método empírico quantitativo.

O método empírico quantitativo costuma generalizar. É mais utilizado para estudo de universo bastante amplo implicando em pesquisa extensiva dos fenômenos delituosos. Ela é muito utilizada para elaboração de normatização criminal. A investigação *quantitativa* atribui valores numéricos às observações objetivando estudar com métodos estatísticos possíveis relações entre as variáveis. Uma das investigações quantitativas na criminologia, como exemplo, dá-se com a apuração de ilícitos cometidos em determinado local (rua, bairro, cidade, unidade administrativa).

Tais levantamentos estatísticos podem apresentar problemas: um deles decorre da confiabilidade ou não dos dados divulgados; outro é de que somente torna-se visível uma parcela dos crimes reais ocorridos, aqueles registrados pelos órgãos coletores (quase sempre oficiais). Significa dizer que inúmeros delitos jamais chegam ao conhecimento da agência de coleta (normalmente o estado, gerando a chamada cifra negra). Some-se a isso a forma nem sempre confiável de como são coletados os dados. Muitos crimes são registrados erroneamente por despreparo dos coletadores ou manipulação às avessas. Também sabemos que agentes governamentais inescrupulosos manipulam dados e estatísticas visando mascarar os verdadeiros índices de criminalidade.

Em nosso país temos órgãos públicos que elaboram tais estatísticas (ministérios ou secretarias de estado-membro) e suas compilações estão sujeitas a pressões políticas levando à suspeição.

Há de ser lembrado ademais que muitos crimes não são comunicados pelas vítimas. Variados são os motivos: a) omissão da vítima ou ofendido por vergonha ou medo (casos de lesões corporais e violências sexuais); b) o lesado ou vítima entende ser inútil procurar a proteção estatal por não acreditar no aparato policial ou no sistema judicial.

Nesse panorama ocorre o fenômeno da *cifra negra*: delitos não levados ao conhecimento das autoridades criando uma estatística destoante da realidade fenomênica. Importante ressaltar também a *cifra dourada*: delitos cometidos por detentores de poder político e econômico em desfavor da coletividade e dos cidadãos (crimes do colarinho branco).

Nos últimos tempos algumas agências independentes não-governamentais procuram trabalhar no levantamento desses tipos de dados referentes à criminalidade.

Em determinadas outras situações exige-se uma análise mais acurada com pesquisa intensiva (*qualitativa*) que é um tipo de investigação com base linguístico-semiótica usada principalmente em ciências sociais. Neste caso verifica-se em profundidade as características dum problema em dado universo utilizando-se diversas técnicas dentre as quais a permanência prolongada no campo para coleta dos discursos completos dos sujeitos (entrevistas abertas, grupos de discussão, observação detalhada de participantes). Permite-se assim a interpretação sob diversos ângulos e pontos de vista e a triangulação dos resultados com dados quantitativos ou a adoção do critério de representatividade estrutural. Aqui privilegia-se a abordagem direta das pessoas em seus próprios contextos de interação.

Por fim temos a *investigação-ação* a qual implica numa observação direta de reconstituição da cena do crime com análise dos fragmentos, vestígios e outros subsídios coletados junto a pessoas (inclusive autor e vítima, quando possível) que tenham ciência do fato, tudo conforme previsto no art. 6º do código de processo penal. Permite-se com isso traçar um perfil criminológico do autor do ilícito.

Resumindo: uma investigação apresenta-se como processo sistemático para a construção do conhecimento podendo desenvolver, refutar, ampliar, detalhar ou atualizar conhecimento pré-existente.

Criminologia no quadro das ciências humanas e interdisciplinaridade.

O vocábulo *scientia* significa conhecimento sistematicamente organizado objetivando demonstrar verdades e leis gerais. A partir do positivismo passou-se a adotar a ideia de que o conhecimento científico deve ser obtido através de comprovação das teorias através de métodos rigorosos de observação empírica repetível. Entretando alguns ramos fogem à essa regra geral como é o caso da biologia evolutiva, da geologia e da astronomia as quais usam método de narrativa histórica.

Respeitantemente às ciências que tratam do homem a cognição é criteriosamente organizada através de diversas disciplinas; a exemplo da filosofia, da história, do direito, da antropologia cultural, da ciência da religião, da arqueologia e da filologia, além de outras.

Verifica-se entre essas ciências o ponto comum de pretender conhecer e explicar a sociedade humana; e aí notadamente as criações e o aparelho psíquico produtor.

É possível distinguir ciências humanas (antropologia, história, sociologia, linguística, pedagogia, economia, geografia, direito, arqueologia, filosofia, teologia e psicologia, como exemplos) de ciências sociais (estudos da comunicação, da economia, da geografia humana, da ciência política e outras). Aquelas cuidam dos aspectos do homem enquanto indivíduo ao passo que as últimas o vêem como ser social.

Essa distinção nem sempre é muito bem delineada podendo haver sobreposições de abordagens, conforme ocorre com a antropologia e a história; entre a sociologia e a ciência política; entre a economia e o direito; apenas para citar alguns exemplos.

Partindo dos pressupostos vistos temos que a criminologia apresenta-se como ciência social e se relaciona praticamente com todas as áreas do conhecimento humano que propiciem a percepção do fenômeno criminógeno em seus elementos fundamentais: o delito, o criminoso, a vítima e a pena.

A interdisciplinaridade da criminologia decorre de sua própria consolidação histórica como ciência. Apesar da sua autonomia ela se utiliza de diversos outros ramos do saber funcionando como verdadeira síntese. Daí, conforme expõe Luis Jimenez de Asúa, ela tem como disciplinas conexas: a) as *histórico-filosóficas* (história do direito penal, filosofia do direito penal e direito penal comparado); b) aquelas *causal-explicativas* (biologia criminal, antropologia criminal, sociologia criminal, psicologia criminal e psicanálise criminal); c) as *jurídico-repressivas* (direito penal, direito processual penal e direito penitenciário); e d) aquelas *auxiliares e de pesquisa* (política criminal, penologia, medicina legal, criminalística, psiquiatria forense, psicologia judiciária, polícia judiciária científica e estatística criminal).

Como ilustração do que estamos a falar tomemos, dentre as ciências *jurídico-repressivas*, a forma como veem o ilícito. Enquanto o direito penal versa sobre a imposição de limites ao poder punitivo do estado estabelecendo tipos com definições precisas e anunciando reprimenda para a respectiva conduta; o direito processual penal ocupa-se com os elementos concretos do ato delituoso e o exame da personalidade do autor objetivando aplicação da pena; o direito penitenciário trata de programas reabilitadores do delinquente; já a criminologia foca o delito como um problema ressaltando a base conflitual da conduta e as transcendentes implicações daí decorrentes.

Assim fica patente o inter-relacionamento da criminologia com outros ramos do saber a exemplo da antropologia criminal (como estudo do fenômeno delitivo nos múltiplos aspectos inclusive os biológicos); da biotipologia criminal (projeção duma constituição delinquencial); da sociologia criminal (conhecimento da personalidade criminosa como resultante de fatores biológicos e sociológicos vistos numa unidade psicossomática); da psicologia criminal (conhecimento da dimensão individual no fenômeno do crime); bem como da psicanálise (estudo da consciência e sentimentos humanos).

Leitura complementar do capítulo 4.

Criminologia (Nilo Batista).

Nilo Batista. **Introdução crítica ao direito penal brasileiro**. 11ª edição, Rio de Janeiro: Revan, 2007.

(págs. 27 a 33)

§ 3º
Criminologia

Criminologia, segundo Lola Aniyar de Castro, "é a atividade intelectual que estuda os processos de criação das normas penais e das normais sociais que estão relacionadas com o comportamento desviante; os processos de infração e de desvio destas normas; e a reação social, formalizada ou não, que aquelas infrações ou desvios tenham provocado: o seu processo de criação, a sua forma e conteúdo e os seus efeitos"[5].

Nossos textos de iniciação ao direito penal oferecem geralmente conceito bem diferente da criminologia, neles apresentada como um conjunto de conhecimentos, ao qual se atribui ou não caráter científico,[6] cujo objetivo seria o exame causal-explicativo do crime e dos

---

[5] *Criminologia da reação social,* trad. E. Kosowski, Rio, 1983, p. 52.
[6] "Seu caráter de verdadeira ciência é por muitos contestado (...)" – Mestieri, op. cit., p. 20.

criminosos,[7] de utilidade questionada.[8] Aníbal Bruno menciona a "prevenção de alguns juristas para com os trabalhos da criminologia".[9]

Tal prevenção, infelizmente, não derivava da percepção do impasse metodológico e dos equívocos positivistas, presentes na consideração da criminologia como simples exame causal-explicativo do crime e do criminoso, nem das funções de legitimação de ordens sociais injustas desempenhadas por tal criminologia.[10] Tal prevenção estava ligada à prática esquizofrênica, haurida de uma vertente neokantista que influenciou extraordinariamente o pensamento jurídico, não de distinguir entre o *ser* e o *dever-ser,* mas sim de literalmente criar dois mundos

---

[7] "É ela (a criminologia) ciência causal-explicativa. Estuda as leis e fatores da criminalidade e abrange as áreas da antropologia e da sociologia criminal" – Magalhães Noronha. *Direito penal,* S. Paulo. 1985, v. I, p. 14. Mirabete adota a seguinte definição: "é a ciência que cuida das leis e fatores da criminalidade, consagrando-se no estudo do crime e do delinqüente, do ponto de vista causal-explicativo" – op. cit, p. 20. Para Mestieri, é "a ciência que estuda o fenômeno criminal sob o prisma causal-explicativo, em lodos os seus aspectos. endógenos e exógenos" – op. cit.. p. 20.
[8] É representativa a seguinte passagem de Magalhães Noronha: "acreditamos que sinceramente não se pode negar o valor da criminologia" – op. cit., p. 15. Como assinala com precisão Rene Ariel Dotti, no Brasil, sob o influxo do pensamento de Nelson Hungria, a criminologia "caiu em desgraça na órbita jurídica" *(Reforma penal brasileira,* Rio, 1988, p. 162).
[9] Op. cit., p. 43.
[10] Não por acaso Basileu Garcia caracteriza as disciplinas criminológicas como aquelas "que se preocupam com a delinqüência *como fato natural,* procurando apontar-lhe as causas, com o emprego do *método positivo,* de observação e experimentação" – *Instituições de direito penal,* S. Paulo, s/d, v. I, t. I. p. 25. Bergalli menciona o "serviço que o positivismo criminológico, especialmente aquele de cunho lombrosiano, prestou a afirmação do sistema social implantado pela burguesia triunfante no processo de unificação da Itália, acrescentando que tal serviço teve "exitoso e rápido traslado para a América do Sul" (cf. Pavarini, Massimo. *Control y dominación,* trad. I. Muñagorri, México, 1983, epilogo, p. 200).

epistemologicamente incomunicáveis. Tal influência, surgida, como lembra Zaffaroni, "numa época em que se evidenciou a necessidade de isolar cuidadosamente o *ser* e o *dever-ser,* pois o segundo não guardava harmonia com o primeiro e o positivismo organicista burguês não lograva compatibiliza-los"[11], atingiu profundamente o direito penal brasileiro,[12] levando-o a um desprezo olímpico pela realidade, a um intencional isolamento.[13] Na verdade, *ser* e *dever-ser* relacionam-se como fato e valor, numa relação de totalidade dialética, como registra Poulantzas,[14] e por essa perspectiva o saber criminológico e o saber jurídico-penal se comunicam permanentemente.

Releia-se o conceito de criminologia de Lola Amyar de Castro, com o qual foi aberto este parágrafo, comparando-o ao conceito absolutamente predominante nos autores brasileiros. Devemos fugir à tentação de supor que a diferença esteja apenas na amplitude.[15] Para a

---

[11] Las necesidades del saber penal latinoamericano, *in* rev. *Justa,* Bogotá, 1987, nº 9, p. 135.

[12] Veja-se, por exemplo, o Heleno Fragoso de *Conduta punível* (S. Paulo, 1961).

[13] Relembre-se Nelson Hungria conclamando professores e estudantes de direito, advogados e magistrados, para urna "doutrina de Monroe": "o direito penal é para os juristas, exclusivamente para os juristas. A qualquer indébita intromissão em nosso *Lebensraum,* façamos ressoar, em toque de rebate, nossos tambores e clarins!" *(Novas questões jurídico-penais,* Rio, 1945, p. 15).

[14] A relação dos sistemas normativos da superestrutura, que pertencem ao dever-ser-social, com a base, compreendendo a relação de significante a significado, ou de linguagem a realidade, *é determinante e significativa enquanto relação de dever-ser e ser, de valor e fato,* concebidos esses termos não já em sua irredutibilidade idealista essencial, mais sim em sua relação de totalidade dialética" (El examen marxista del estado y del derecho actuales y la cuestión de la alternativa, in *Marx – el derecho y el estado,* trad. J. R. Capella, Barcelona, 1979, p. 81).

[15] O Heleno Fragoso da maturidade, que já havia percebido "o completo fracasso" da criminologia positivista (expressão empregada no prefácio à tradução brasileira da *Criminologia da reação social,* de Lola Aniyar de Castro. cit., p. XIII), adotou nas últimas edições de suas *Lições,* a seguinte definição: "a ciência que estuda o crime como fato social, o

professora venezuelana, a criminologia englobaria os seguintes aspectos: 1. a sociologia do direito penal e do comportamento desviante; 2. a etiologia do comportamento delitivo e do comportamento desviante; 3. a reação social, compreendendo a psicologia social correspondente, as penas e outras medidas, bem como a análise das instituições que as executam.[16] Para a criminologia positivista, o alcance se limitaria à metade do segundo aspecto (etiologia do comportamento delitivo). Não é essa, contudo, a diferença importante.

Quando a criminologia positivista não questiona a construção política do direito penal (como, por que e para que se ameaçam penalmente determinadas condutas, e não outras, que atingem determinados interesses, e não outros, com o resultado prático, estatisticamente demonstrável, de se alcançar sempre pessoas de determinada classe, e não de outra), nem aparição social de comportamentos desviantes (seja pelo silencio estratégico do legislador, que não converte aquilo que a maioria desaprova – desviante – em delituoso, seja pelo descompasso entre vetustas bases morais, a partir das quais se instalaram instrumentos de controle social e sua incessante transformação histórica, seja até pela própria etiologia enquanto processo social individualizável), nem a reação social (desde as representações do delito, do desvio, da pena e do sistema penal, dispersas no movimento social, ou sinalizadas na opinião pública e nos meios de comunicação, até o exame das funções, aparentes e ocultas, que a pena desempenha, nomeadamente a pena privativa da liberdade, tal como existe e é executada pelas diversas instituições que dela participam); quando a criminologia positivista não questiona nada disso, ela cumpre um importante papel político, de legitimação da ordem estabelecida. Como anota com precisão Quinney, "a realidade oficial é a realidade com a qual o positivista opera – e a realidade que ele aceita e suporta. O positivista toma por dada a ideologia dominante, que enfatiza a racionalidade burocrática, a tecnologia moderna, a autoridade centralizada e o controle

---

delinqüente e a delinqüência, bem como, em geral, o surgimento das normas de comportamento social e a conduta que as viola ou delas se desvia e o processo de reação social" (op. cit., p. 18).

[16] Op. cit., p. 52.

científico".[17] Tal criminologia necessariamente tende a tratar o episódio criminal como episódio *individual* e a respaldar a ordem legal como ordem *natural*: não por acaso, seus precursores procuraram tematizar um "homem delinquente", que, ao lado dos "loucos morais"[18], viola a ordem legal, ou um "delito natural", que atinge "sentimentos" encontráveis nas "raças superiores", indispensáveis para a "adaptação do indivíduo à sociedade"[19], isto é, para a manutenção da ordem legal. Se alguma abertura social se acrescenta a essa perspectiva, como se deu com Ferri[20], o resultado e, como precisou, espirituosamente, Lyra Filho, "uma espécie de progressismo idílico"[21]. A racionalidade ou a justiça da ordem legal e das instituições que integram o sistema penal, bem como as funções por elas desempenhadas numa sociedade dividida em classes, não são absolutamente inquiridas pelo criminólogo positivista.

A essa "falha política"[22] do positivismo (a qual, por inserir-se num trabalho de introdução ao direito penal, concedeu-se primazia) somam-se outras, que colocam em cheque o valor de suas premissas, seus

---

[17] *O controle do crime na sociedade capitalista: uma filosofia crítica da ordem legal*, in Taylor, Walton e Young (org.), *Criminologia crítica,* trad. Cirino dos Santos e S. Tancredo, Rio, 1980, p. 224.

[18] Ao longo de todo o livro de Lombroso *(L'uomo delinquente,* Turim. 1884, ed. F. Bocca, 3º ed.), a "triste classe do homem delinquente" (p. 304) é sempre referida e cotejada à chamada "loucura moral". Na página citada, Lombroso examinava a "estranha tenacidade e difusão" com as quais réus ostentavam tatuagens. Bem disse Lichtenberg, citado por Jaspers, que "o estudo da fisiognomonia é descontada a profetização, a mais enganosa de todas as artes humanas que uma mente excêntrica jamais inventou" *(Psicopatologia geral,* trad. A. Reis, Rio, 1973, v. I, p.326).

[19] O "delito natural", na definição de Garofalo, "é uma lesão daquela parte do senso moral que consiste nos sentimentos altruísticos fundamentais (piedade e probidade) segundo a proporção media em que se encontram nas raças humanas superiores, proporção essa necessária para a adaptação do indivíduo à sociedade" *(Criminologia,* Turim, 1885, p. 30).

[20] *Princípios de direito criminal*, trad. L. d'Oliveira, S. Paulo, 1931.

[21] *Criminologia dialética.* Rio, 1972, p. 16.

[22] Quinney, *loco* cit.

métodos e conclusões. Simplificadamente, resumiremos essas falhas em: *a)* supor que na transcrição da objetividade cognoscível não se imprime a experiência do sujeito cognoscente; *b)* reduzir a objetividade cognoscível ao que nela for empírica e sensivelmente demonstrável; c) ter, portanto, na metodologia o centro e o limite inexorável de sua atividade científica; *d)* conceber de forma mecanicista os fatos sociais, produzindo explicações com base em relações causais.[23] Frise-se que daquele suposto "distanciamento" entre o objeto cognoscível e o sujeito cognoscente, com a interveniência da mitificação metodológica, o positivismo extrai outra conseqüência política: a aparente "neutralidade" do cientista social, que seria um simples produtor de saberes, indiferente as tensões da realidade social.

A criminologia conheceu, nos últimos vinte anos, uma verdadeira revolução, que lhe permitiu superar o impasse positivista. Chamemos, de modo genérico, Criminologia Crítica ao conjunto das tendências — "espécie de frente ampla", como registra Araujo Jr.[24] – que realizaram tal superação e tornaram acessível ao estudioso do direito penal conhecimentos até então camuflados ou distorcidos, inclusive sobre seu próprio ofício.[25] Ao contrário da Criminologia Tradicional, a

---

[23] Para um exame amplo dessas falhas, cf. Juarez Cirino dos Santos, *A criminologia da repressão*, 1979, p. 47 ss.; Quinney, op. cit., p. 223 ss; Lola Aniyar de Castro, op. cit., p. 2 ss.

[24] *Os grandes movimentos da política criminal de nosso tempo,* Rio, 1986. p. 4.

[25] Não cabe, em mero tópico de introdução no direito penal, uma exposição das diversas criminologias de cariz positivista, nem daquelas que, certamente a partir dos estudos precursores da criminologia interacionista, estamos reunindo sob o rótulo geral de Criminologia Critica. Por não haverem influenciado qualquer penalista brasileiro, não nos referimos às direçõcs construcionista social e fenomenológica. Além das obras citadas, remetemos o leitor interessado a: Taylor, Walton e Young, *The new criminology: for a social theory of deviance.* N. York, 1974; Traverso e Verde. *Criminologia crítica,* Pádua, 1981; Baratta, A., *Criminologia critica y critica del derecho penal,* trad. A. Bunster, Mexico, 1986; Cirino dos Santos, *A criminologia radical,* Rio, 1981; Lola Aniyarde Castro, *Criminologia de la liberación,* Maracaibo, 1987;

Criminologia Crítica não aceita, qual *a priori* inquestionável, o código penal, mas investiga como, por quê e para quem (em ambas as direções: *contra quem* e *em favor de quem*) se elaborou *este* código e não outro. A Criminologia Crítica, portanto, não se autodelimita pelas definições legais de crime (comportamentos delituosos), interessando-se igualmente por comportamentos que implicam forte desaprovação social (desviantes). A Criminologia Crítica procura verificar o desempenho prático do sistema penal, a missão que efetivamente lhe corresponde, em cotejo funcional e estrutural com outros instrumentos formais de controle social (hospícios, escolas, institutos de menores, etc), A Criminologia Crítica insere o sistema penal – e sua base normativa, o direito penal – na disciplina de uma sociedade de classes historicamente determinada e trata de investigar, no discurso penal, as funções ideológicas de proclamar uma igualdade e neutralidade desmentidas pela pratica.[26] Como toda teoria crítica, cabe-lhe a tarefa de "fazer aparecer o invisível"[27].

Bergalli, R., *Crítica a la criminologia,* Bogotá, 1982; Rosa del Olmo. *America Latina y su criminologia,* Mexico, 1981.

[26] "Compreender que o sistema legal não serve à sociedade como um todo, mas serve os interesses da classe dominante, é o começo de uma compreensão crítica do direito criminal, na sociedade capitalista" – Quinney, op. cit., p. 240.

[27] Miaille, op. cit. p. 17.

Memória do capítulo 4.

Processo de construção do conhecimento.
Precariedade de conceitos e definições *a priori*.
Conceitos e definições decorrentes de posicionamento ideológico.

Criminologia: conhecimento focado no fenômeno criminógeno identificando manifestações típicas concretas e seus efeitos, bem como buscando-lhc causas c concausas.

Visões.
Conservadora: procura das causas do fenômeno na etiologia individual; receita para conserto do infrator (conduta, efeitos, personalidade, periculosidade, controle social e assistência ressocializadora).
Revolucionária: distinção entre ordem social imaginária (ideologia dominante, ideias de proteção geral e igualdade legal) e ordem social real (opressiva, classista e desigual); eliminação das disparidades sociais.

Objeto e delimitação da criminologia.
Identificação de manifestações concretas: causas, concausas e efeitos.
Metodologia empírica indutiva-experimental.
Caráter interativo interdisciplinar.
Observação: fato criminoso, infrator, vítima e controle social (formal e informal) do comportamento.

Distinção de enfoques.
Direito criminal: normativo e valorativo.
Criminologia: fenômeno antropológico e sociológico; criação cultural nascida do interesse social e estatal de controlar condutas.

Finalidades e metodologias da criminologia.
Ciência empírica.
Campo experimental (comportamento ilícito).

Observação de fatos (rigor metodológico).

Métodos utilizados:
técnicas indutivas (subjetivismo, intuição, empatia);
indiciárias (sintomas, vestígios, relatos, questionários);
teste de hipóteses;
interdisciplinaridade;
estabelecimento de cânones.

Pesquisas: extensiva; intensiva; investigação-ação

Interdisciplinaridade.
Ciências humanas (homem como indivíduo): antropologia, história, sociologia, ciência política, linguística, pedagogia, economia, geografia, direito, arqueologia, filosofia, teologia, psicologia, etc;
Ciências sociais (homem como ser social): comunicação, economia, criminologia, geografia humana, ciências políticas, etc.

Temática do capítulo 4. Consultar:

Eugenio Raúl Zaffaroni. **En torno de la cuestión penal**. Buenos Aires: Julio César Faria Editor, 2005.

Hilda Marchiori. **Criminología – Teorías y pensamientos**. México (DF): Editorial Porrúa 2004.

Nestor Sampaio Penteado Filho. **Manual esquemático de criminologia**. 2ª ed. São Paulo: Saraiva, 2012.

Newton Fernandes e Valter Fernandes. **Criminologia integrada**. 3ª ed. rev. atual, ampl. São Paulo: Editora Revista dos Tribunais, 2010.

Nilo Batista. **Introdução crítica ao direito penal brasileiro**. 11ª ed. Rio de Janeiro: Revan, 2007.

Roberto Lyra Filho. **O que é o direito**. 11ª ed. São Paulo: Editora Brasiliense.

Sérgio Salomão Shecaria. **Criminologia**. 4ª ed. São Paulo: Editora Revista dos Tribunais, 2012.

Thais Bandeira e Daniela Portugal. **Criminologia**, Salvador: UFBA, 2017.

Capítulo 5 – Escolas jurídicas.

Sumário: Escola clássica. Escola positivista: antropológica, sociológica e jurídica. Outras escolas.

Escola clássica.

Para abordar a temática das escolas jurídicas faz-se necessária uma reflexão sobre a transformação da ciência do direito e suas doutrinas através dos tempos. Isto porque não é possível pensar nas experiências jurídicas a partir de conceitos eternos e imutáveis. A ideia do direito e seus princípios são construções e reconstruções constantes. São objetos históricos que se alteram no tempo e no espaço. Consequentemente se deve compreender uma experiência jurídica com valores plurais pois as sociedades são igualmente diversificadas e convivem em tensão.

Historicamente o século XIX vê nascer linhas de pensamento que se debruçam sobre a criminalidade de maneira científica. Didaticamente podem elas ser reunidas em dois grandes grupos iniciais os quais originam diversas outras variações. As duas correntes originárias que se preocupam com a problemática do crime, da pena, do homem delinquente e da sua responsabilização são as escolas clássica e a positiva.[28]

---

[28] "Quando se fala da escola liberal clássica como um antecedente ou como a "época dos pioneiros" da moderna criminologia, se faz referência a teorias sobre o crime, sobre o direito penal e sobre a pena, desenvolvidas em diversos países europeus no século XVIII e princípios do século XIX, no âmbito da filosofia política liberal clássica. Faz-se referência, particularmente, à obra de Jeremy Bentham na Inglaterra, de Anselm von Feuerbach na Alemanha, de Cesare Beccaria e da escola clássica de direito penal na Itália. Quando se fala da criminologia positivista como a primeira fase de desenvolvimento da criminologia, entendida como disciplina autônoma, se faz referência a teorias desenvolvidas na Europa entre o final do século XIX e o começo do

A primeira delas será a escola clássica: de cunho idealista, caracteriza-se pelo racionalismo, pelo liberalismo individualista e pelo contratualismo; via de regra apega-se ao jusnaturalismo entendendo haver o predomínio de normas absolutas e eternas sobre as leis positivas; defende o livre arbítrio; considera o ilícito como fenômeno jurídico; e pena como meio retributivo: um mal imposto ao indivíduo merecedor de reprimenda, em razão de falta criminosa cometida voluntária e conscientemente.

A escola clássica utiliza-se do direito natural na vertente do jusnaturalismo. Entende existir uma superioridade do direito natural sobre o direito positivo. Dessa maneira a regra positiva deveria amoldar-se aos parâmetros imutáveis e eternos de justiça. A lei natural portanto passa a ser o referencial valorativo e ontológico. Não havendo correspondência entre o modelo e a forma esta passa ser injusta e arbitrária. Ou seja: o fenômeno jurídico concreto empiricamente verificável emana do estado (direito positivo); mas ele deve refletir a regra eterna e imutável do direito natural como valor transcendental ou metafísico.

De outra banda serve-se do contratualismo onde o estado apresenta-se como um pacto entre os homens que cedem parcela de sua liberdade e direitos em prol duma segurança coletiva. As ideias dessa corrente de pensamento compõem a luta da burguesia ascendente na busca de antídoto ao arbítrio e à opressão do absolutismo. Prega-se portanto a existência dum sistema de normas anterior e superior ao estado e limitador da tirania reinante.

Apontam-se como princípios fundamentais dessa escola clássica: método e raciocínio lógico-dedutivo; crime como ente jurídico; punibilidade com base no livre-arbítrio; pena como retribuição severa

---

século XX, no âmbito da filosofia e da sociologia do positivismo naturalista. Com isso se alude, em particular, à escola sociológica francesa (Gabriel Tarde) e à "Escola social" na Alemanha (Franz von Liszt), mas especialmente à "Escola positiva" na Itália (Cesare Lombroso, Enrico Ferri, Raffaele Garofalo)." Alessandro Baratta. Criminologia Crítica e Crítica do Direito Penal: introdução à sociologia do direito penal. 3ª ed., Rio de janeiro: Editora Revan: Instituto Carioca de Criminologia, 2002, pág. 32.

pela culpa moral do delinquente e como prevenção ao delito visando restaurar a ordem social.

Através do pensamento de Cesare Beccaria, contido na obra "Dos delitos e das penas" (1764), temos ideia do que representa a escola clássica para a futura criminologia que começa a ser desenhada. Ele contesta a esfera punitiva do direito penal europeu buscando adequá-la aos princípios iluministas de igualdade perante a lei, bem como da abolição da pena de morte e da erradicação da tortura como instrumento processual. Pugna ainda pela instauração de julgamentos públicos e penas proporcionais à ofensa jurídica. Seus ensinamentos fundam-se em análise filosófica, moral e econômica da natureza do ser humano e da ordem social. Beccaria reflete o modo de pensar do iluminismo com as teorias jusnaturalistas, contratualistas e utilitaristas. Ele é influenciado por outros pensadores, a exemplo de Diderot, Helvetius, Hobbes e também Francis Bacon. Anote-se que seus enunciados são incorporados à constituição norte-americana, à declaração dos direitos do homem e do cidadão (1789) e a códigos penais franceses (1791, 1795 e 1810).

Apresentam-se ainda como importantes nomes dessa escola o Giuseppe Mazzini e o seu discípulo Francesco Carrara, o qual escreve o *"Programma del corso di diritto criminale"*.

Escola positivista.

Inicialmente devemos observar que os séculos XVII e XVIII foram marcados pelo paradigma jurídico geométrico e axiomático. Já o século XIX terá como plataforma os feitos da história natural. Esta última ao lado do crescimento da ciência política, da economia e da sociologia marcará as diretrizes básicas do desenvolvimento da ciência do direito durante o século referido por último. Insere-se aí o positivismo que vai marcar de maneira indelével os rumos das reflexões jurídicas, legado com o qual ainda hoje nos defrontamos.

Importante atentar que a partir do final do século XVIII e início do XIX teremos um elemento novo na problemática jurídica: a concepção de que a ideia de justo é passível de alteração e a de progresso pode inscrever-se na ordem natural das coisas. Esta modificação é introduzida pela adoção da história natural como plataforma adequada para pensar o direito.

A escola positivista é fruto da efervescência intelectual do século XIX e se apresenta como determinista e defensivista; vê o crime como fenômeno natural e social controlável através da pena, a qual representa meio de defesa da sociedade e da recuperação do indivíduo. Suas ideias deitam raízes nos princípios desenvolvidos pelos fisiocratas e iluministas do século XVIII.

Podemos apontar como principais postulados da escola positivista: a) direito criminal como criação humana; b) responsabilidade social como consequência de determinismo social; c) delito como fenômeno natural e social (fatores biológicos, físicos e sociais); d) pena como instrumento de defesa social (prevenção geral); e) método indutivo-experimental.

Para fins de exposição didática pode-se vislumbrar três fases da escola positivista: a) antropológica, onde destaca-se a figura de Lombroso; b) sociológica, cujo expoente será Ferri; e c) jurídica, bem representada através dos escritos de Garófalo.

Vejamos as ideias desenvolvidas por cada uma delas através dos principais representantes iniciando-se pela antropológica.

Escola antropológica.

Cesare Lombroso publica a obra *O homem delinquente* em 1876 que será marco da antropologia criminal. Nesse escrito são concatenados conhecimentos esparsos e reunidos de forma articulada e inteligível. Ele estuda as características fisionômicas dos indivíduos e as compara com dados estatísticos de criminalidade. Efetua estudos sobre tatuagens entendendo que são uma tendência nos dementes. Busca relacionar características físicas (estrutura torácica, estatura, peso, tipo de cabelo, comprimento de mãos e pernas) com práticas de delitos. Analisa parâmetros frenológicos para determinação de ligação entre faculdades intelectivas e instintivas acreditando traçar um viés científico para identificar o criminoso nato. Tais estudos assumiram uma feição multidisciplinar implicando na agregação de informes da psiquiatria envolvendo conceitos de loucura e outros dados antropológicos.

O objetivo de Lombroso foi formular um conceito de atavismo e de involução presentes naquele identificado por ele como malfeitor inato. Ele propõe a utilização de método empírico-indutivo ou indutivo-experimental ajustado ao causalismo explicativo defendido pelos positivistas.

Nos seus estudos conclui que o crime não é uma entidade jurídica, mas um fenômeno biológico (determinismo); o criminoso apesenta-se como ser atávico com característica biofísica e mental de ascendência remota (involução) e no qual se inscreve o primitivismo bestial, portanto alguém já nasce criminoso; e tal degeneração é causada pela epilepsia que ataca os centros nervosos. Destarte as premissas básicas da sua teoria são o atavismo, a degeneração epilética e o delinquente nato.

Entende Lombroso que a exteriorização das características do criminoso seria verificável através de observações básicas: fronte fugidia, crânio assimétrico, cara larga e chata, grandes maçãs no rosto, lábios finos, canhotismo (na maioria dos casos), barba rala, olhar errante ou duro. Importante lembrar que esse cientista não afasta fatores exógenos da gênese criminal, porém os vê como simples impulsionadores dos elementos endógenos. Desta maneira o clima e a vida social apenas desencadeariam a propulsão interna e atávica preexistente para o crime.

Escola sociológica.

Enrico Ferri, discípulo de Lombroso, é tido como iniciador da sociologia criminal. Entende ele que o fato criminógeno decorre de elementos antropológicos (ligados à genética, à constituição orgânica, aos aspectos psicológicos), físicos (relacionadas ao meio ambiente, ao clima, à umidade) e culturais (advindos do meio social, das desigualdades, das injustiças, do jogo de azar, da prostituição). Desconsidera o livre-arbítrio remetendo-o à condição de mera ficção e pregando que a ideia de responsabilidade moral deveria ser substituída pela responsabilização social. Segundo ele a punibilidade é uma forma de defesa social onde repousariam a repressão e a prevenção geral apresentando-se esta como mais eficaz. É dele a classificação dos criminosos em natos, loucos (incluídos os semiloucos), habituais (reincidentes) e passionais (levados pelo abatimento e ímpeto). Seu pensamento encontra-se cristalizado na obra *Sociologia Criminal* publicada em 1914.

Escola jurídica.

Rafael Garófalo externa suas teorias em duas obras importantes: *Criminología: estudio sobre el delito, sobre sus causas y la teoría de la represión* (1885) e *Polémica en defensa de la Escuela Criminal Positiva*, esta última com a colaboração de Cesare Lombroso, Enrico Ferri e Giulio Fioretti (1886).

Suas teorias giravam em torno do conceito do delito natural e que para ele significa uma lesão aos sentimentos fundamentais de piedade e probidade. Assim afirma que o crime reside no próprio homem e sua exteriorização traduz uma degeneração inata do delinquente incapaz de assimilar os valores da sociedade.

É dele a ideia de periculosidade, a qual indica a porção de maldade existente no criminoso; defendendo que a única forma de evitar o crime é eliminar os elementos externos que permitem delinquir. Estabelece desta forma uma relação de causa e efeito entre circunstância e criminalidade, relegando a ideia do livre arbítrio. Cria também uma forma de intervenção penal aplicável aos incapazes, a medida de segurança.

Classifica os criminosos em natos (instintivos), fortuitos (de ocasião) ou por defeito moral especial (assassinos, violentos, ímprobos e cínicos).

Apresenta-se como pensador conservador, defensor da pena de morte e da eugenia para os doentes mentais.

Outras escolas.

Como vimos as escolas clássica e positiva assumiram posições bastante definidas filosoficamente defendendo posições antagônicas extremas. No decorrer dos embates entre essas duas correntes começam a nascer outas tentando posições conciliatórias. Dentre elas aponta-se a *terza scuola* italiana a qual tem como expoentes Manuel Carnevale, Bernardino Alimena e João Impallomeni.

Os principais feitos dessa escola são entender o ilícito como fenômeno social e individual, cujas causas seriam múltiplas, incluindo-se aí as influências do meio ambiente. Também enuncia a responsabilidade moral (fundada no determinismo) estabelecendo o conceito de imputabilidade; distinguindo-a da inimputabilidade atribuída a quem não tem capacidade de entender o caráter ilícito da conduta, para os quais é indicada a medida de segurança. Por fim prega o caráter aflitivo da pena, cuja finalidade é a defesa social; e que penalistas e sociólogos têm a missão de conduzir reformas sociais objetivando melhorar as condições de vida da sociedade.

A escola de política criminal segue os passos da *terza scuola* utilizando o método indutivo-experimental para a criminologia; fazendo a distinção entre imputáveis e inimputáveis; enxergando o crime como fenômeno humano-social e como fato jurídico; entendendo a função finalística da pena como prevenção especial; e pugnando pela eliminação ou substituição das penas privativas de liberdade de curta duração.

Deve ser anotada ainda a escola sociológica alemã que retorna postulados da escola clássica acatando a preponderância do conceito de livre arbítrio. Seus principais pensadores foram Franz von Lizst, Adolphe Prins e Von Hammel, fundadores da união internacional de direito penal (1888).

Leitura complementar do capítulo 5 (1).

Escolas criminológicas (Nestor Sampaio Penteado Filho).

Nestor Sampaio Penteado Filho. **Manual esquemático de criminologia**. 2. ed. São Paulo: Saraiva, 2012.

(págs. 29 a 33)

2.3 Escolas criminológicas

O apogeu do Iluminismo deu-se na Revolução Francesa, com o pensamento liberal e humanista de seus expoentes, dentre os quais se destacam Voltaire, Montesquieu e Rousseau, que teceram inúmeras críticas à legislação criminal que vigorava na Europa em meados do século XVIII, aduzindo a necessidade de individualização da pena, de redução das penas cruéis, de proporcionalidade etc.

Merece destaque a teoria penológica proposta por Cesare Beccaria, considerado o precursor da "Escola Clássica".

Com acerto leciona Cezar Roberto Bitencourt (2008, p. 49) que: "No século XIX surgiram inúmeras correntes de pensamento estruturadas de forma sistemática, segundo determinados princípios fundamentais. Essas correntes, que se convencionou chamar de Escolas Penais, foram definidas como 'o corpo orgânico de concepções contrapostas sobre a legitimidade do direito de punir, sobre a natureza do delito e sobre o fim das sanções'".

Dada a relevância do assunto, discorreremos sobre as principais Escolas Penais ou Criminológicas nos subitens seguintes.

2.4 Escola Clássica

Não existiu propriamente uma Escola Clássica, que foi assim denominada pelos positivistas em tom pejorativo (Ferri).

As ideias consagradas pelo Iluminismo acabaram por influenciar a redação do célebre livreto de Cesare Beccaria, intitulado Dos delitos e das penas (1764), com a proposta de humanização das ciências penais.

Além de Beccaria, despontam como grandes intelectos dessa corrente Francesco Carrara (dogmática penal) e Giovanni Carmignani.

Os Clássicos partiram de duas teorias distintas: o jusnaturalismo (direito natural, de Grócio), que decorria da natureza eterna e imutável do ser humano, e o contratualismo (contrato social ou utilitarismo, de Rousseau), em que o Estado surge a partir de um grande pacto entre os homens, no qual estes cedem parcela de sua liberdade e direitos em prol da segurança coletiva.

A burguesia em ascensão procurava afastar o arbítrio e a opressão do poder soberano com a manifestação desses seus representantes através da junção das duas teorias, que, embora distintas, igualavam-se no fundamental, isto é, a existência de um sistema de normas anterior e superior ao Estado, em oposição à tirania e violência reinantes.

Os princípios fundamentais da Escola Clássica são:
a) o crime é um ente jurídico; não é uma ação, mas sim uma infração (Carrara);
b) a punibilidade deve ser baseada no livre-arbítrio;
c) a pena deve ter nítido caráter de retribuição pela culpa moral do delinquente (maldade), de modo a prevenir o delito com certeza, rapidez e severidade e a restaurar a ordem externa social;
d) método e raciocínio lógico-dedutivo.

Assim, para a Escola Clássica, a responsabilidade criminal do delinquente leva em conta sua responsabilidade moral e se sustenta pelo livre-arbítrio, este inerente ao ser humano.

Isso quer dizer que se parte da premissa de que o homem é um ser livre e racional, capaz de pensar, tomar decisões e agir em consequência disso; em outras palavras, como preleciona Alfonso Serrano Maíllo (2008, p. 63), "Quando alguém encara a possibilidade de cometer um delito, efetua um cálculo racional dos benefícios esperados (prazer) e os confronta com os prejuízos (dor) que acredita vão derivar da prática do delito; se os benefícios são superiores aos prejuízos, tenderá a cometer a conduta delitiva".

Trata-se de um pensamento derivado do utilitarismo, hoje em dia um pouco esquecido, em que se defende a ideia de que as ações humanas devem ser julgadas conforme tragam mais ou menos prazer ao indivíduo e contribuam ou não para maior satisfação do grupo social.

(...)

2.5 Escola Positiva

A chamada Escola Positiva deita suas raízes no início do século XIX na Europa, influenciada no campo das ideias pelos princípios desenvolvidos pelos fisiocratas e iluministas no século anterior. Pode-se afirmar que a Escola Positiva teve três fases: antropológica (Lombroso), sociológica (Ferri) e jurídica (Garófalo).

É importante lembrar que, antes da expressão "italiana" do positivismo (Lombroso, Ferri e Garófalo), já se delineava um cunho científico aos estudos criminológicos, com a publicação, em 1827, na França, dos primeiros dados estatísticos sobre a criminalidade.

Tal publicação chamou a atenção de importantes pesquisadores, dentre os quais o belga Adolphe Quetelet, que ficou fascinado com a sistematização de dados sobre delitos e delinquentes.

Justamente em função disso, em 1835, Quetelet publicou a obra Física social, que desenvolveu três preceitos importantes: a) o crime é um fenômeno social; b) os crimes são cometidos ano a ano com intensa precisão; c) há várias condicionantes da prática delitiva, como miséria, analfabetismo, clima etc. Formulou ainda a teoria das leis térmicas, por meio da qual no inverno seriam praticados mais crimes contra o patrimônio, no verão seriam mais numerosos os crimes contra a pessoa e na primavera haveria maior quantidade de crimes contra os costumes (sexuais). Quetelet tornou-se, portanto, defensor das estatísticas oficiais de medição de delitos; todavia, guardou certa cautela, na medida em que se apercebeu que uma razoável quantidade de crimes não era detectada ou comunicada aos órgãos estatais (cifra negra).

Ainda que se considere que o positivismo criminológico tenha raízes nesses estudos estatísticos (cientificidade), sua aclamação e consolidação só vieram a ocorrer no final do século XIX, com a atuação destacada de Lombroso, Ferri e Garófalo, principais expoentes da Escola Positiva italiana.

Cesare Lombroso (1835-1909) publicou em 1876 o livro O homem delinquente, que instaurou um período científico de estudos criminológicos.

Na verdade Lombroso não criou uma teoria moderna, mas sistematizou uma série de conhecimentos esparsos e os reuniu de forma articulada e inteligível. Considerado o pai da "Antropologia Criminal",

Lombroso retirou algumas ideias dos fisionomistas para traçar um perfil dos criminosos.

Assim, acabou por examinar com intensa profundidade as características fisionômicas e as comparou com os dados estatísticos de criminalidade. Nesse sentido, dados como estrutura torácica, estatura, peso, tipo de cabelo, comprimento de mãos e pernas foram analisados com detalhes. Lombroso também buscou informes em dezenas de parâmetros frenológicos, decorrentes de exames de crânios, traçando um viés científico para a teoria do criminoso nato.

Os estudos científicos de Lombroso assumiram feição multidisciplinar, pois emprestaram informes da psiquiatria, com a análise da degeneração dos loucos morais, bem como lançaram mão de dados antropológicos para retirar o conceito de atavismo e de não evolução, desenvolvendo o conceito de criminoso nato. Para ele, não havia delito que não deitasse raiz em múltiplas causas, incluindo-se aí variáveis ambientais e sociais, por exemplo, o clima, o abuso de álcool, a educação, o trabalho etc.

Ademais, Lombroso propôs a utilização de método empírico-indutivo ou indutivo-experimental, que se ajustava ao causalismo explicativo defendido pelo positivismo. Efetuou ainda estudos intensos sobre as tatuagens, constatando uma tendência à tatuagem nos dementes.

Por isso, afirmou que o crime não é uma entidade jurídica, mas sim um fenômeno biológico, razão pela qual o método indutivo-experimental deveria ser o empregado.

Registre-se, por oportuno, que suas pesquisas foram feitas na maioria em manicômios e prisões, concluindo que o criminoso é um ser atávico, um ser que regride ao primitivismo, um verdadeiro selvagem (ser bestial), que nasce criminoso, cuja degeneração é causada pela epilepsia, que ataca seus centros nervosos.

Estavam fixadas as premissas básicas de sua teoria: atavismo, degeneração epilética e delinquente nato, cujas características seriam: fronte fugidia, crânio assimétrico, cara larga e chata, grandes maçãs no rosto, lábios finos, canhotismo (na maioria dos casos), barba rala, olhar errante ou duro etc.

Embora Lombroso não tenha afastado os fatores exógenos da gênese criminal, entendia que eram apenas aspectos motivadores dos fatores endógenos. Assim, o clima, a vida social etc. apenas desencadeariam a propulsão interna para o delito, pois o criminoso nasce criminoso (determinismo biológico).

Tais conclusões decorreram sobretudo dos estudos médico-legais feitos na necropsia do famigerado bandido calabrês Villela, em que se descobriu que este possuía uma fossa occipital igual à dos vertebrados superiores, mas diferente do homo sapiens (degeneração). Depois, ao estudar os crimes de sangue cometidos pelo soldado Misdea, verificou-se que a epilepsia poder-se-ia manifestar por impulsos violentos (epilepsia larvar). Lombroso classificou os criminosos em natos, loucos, por paixão e de ocasião (cf. n. 9.3, infra).

Inúmeras críticas foram feitas a Lombroso, justamente pelo fato de que milhares de pessoas sofriam de epilepsia e jamais praticaram qualquer crime. Então, em socorro do mestre, surgiu o pensamento sociológico de Ferri.

Enrico Ferri (1856-1929), genro e discípulo de Lombroso, foi o criador da chamada "sociologia criminal".

Para ele, a criminalidade derivava de fenômenos antropológicos, físicos e culturais.

Ferri negou com veemência o livre-arbítrio (mera ficção) como base da imputabilidade; entendeu que a responsabilidade moral deveria ser substituída pela responsabilidade social e que a razão de punir é a defesa social (a prevenção geral é mais eficaz que a repressão). Classificou os criminosos em natos, loucos, habituais, de ocasião e por paixão (cf. n. 9.3, infra).

Rafael Garófalo (1851-1934), jurista de seu tempo, afirmou que o crime estava no homem e que se revelava como degeneração deste; criou o conceito de temibilidade ou periculosidade, que seria o propulsor do delinquente e a porção de maldade que deve se temer em face deste; fixou, por derradeiro, a necessidade de conceber outra forma de intervenção penal – a medida de segurança.

Seu grande trabalho foi conceber a noção de delito natural (violação dos sentimentos altruísticos de piedade e probidade).

Classificou os criminosos em natos (instintivos), fortuitos (de ocasião) ou pelo defeito moral especial (assassinos, violentos, ímprobos e cínicos), propugnando pela pena de morte aos primeiros (cf. n. 9.3, infra)

Em apertada síntese, poderíamos dizer que os principais postulados da Escola Positiva são:

a) o direito penal é obra humana;
b) a responsabilidade social decorre do determinismo social;
c) o delito é um fenômeno natural e social (fatores biológicos, físicos e sociais);
d) a pena é um instrumento de defesa social (prevenção geral);
e) método indutivo-experimental;
f) os objetos de estudo da ciência penal são o crime, o criminoso, a pena e o processo.

Leitura complementar do capítulo 5 (2).

Crime: Livre-arbítrio ou Determinismo? (Cláudia Luiz Lourenço).

Cláudia Luiz Lourenço, **Crime: Livre-arbítrio ou Determinismo?**, Ilumina, 2016.

(Págs. 29 a 39)

5. Livre arbítrio, determinismo e a interface direito e psicologia

As discussões sobre Ciência chegam ao consenso de que todas as ciências se originaram da filosofia, mas dela se separaram. Baum (2005/2006) descreve essa trajetória.

A astronomia e a física surgiram quando os cientistas passaram da especulação filosófica à observação. Ao fazê-lo, abandonaram qualquer preocupação com coisas sobrenaturais, observando o universo natural e explicando os eventos naturais por referência a outros eventos naturais. Dessa mesma forma, a química separou-se da filosofia quando abandonou a ideia de essências internas e ocultas como explicação dos eventos químicos. Ao se tornar ciência a fisiologia abandonou a *vis viva* em prol de explicações mecanicistas sobre o funcionamento do corpo. A teoria da evolução de Darwin é vista, em grande medida, como um ataque a religião porque se propunha a explicar a criação de formas de vida apenas com eventos naturais, e sem a mão sobrenatural de Deus. A psicologia científica também nasceu da filosofia, e talvez esteja se separando dela. Dois movimentos promoveram essa ruptura, a psicologia objetiva e a psicologia comparativa. A psicologia objetiva enfatizou a observação e a experimentação, métodos que caracterizavam as outras ciências. A psicologia comparativa enfatizou a origem comum de todas as espécies, inclusive seres humanos, na seleção natural, e ajudou a promover explicações puramente naturais acerca do comportamento humano (p.30-31).

Discutir cientificamente o comportamento é desafiador em razão dos conceitos com os quais se trabalha: livre arbítrio e determinismo. Têm-se implicações em diversas áreas existindo, na atualidade, um entrelaçamento entre as áreas de saber. Em especial, a doutrina jurídico-penal tem se interessado pela Psicologia (Baratta, 2002; Fiorelli & Mangini, 2011; Gonçalves & Brandão, 2011; Trindade, 2011). O intuito tem sido o de dar uma compreensão maior ao próprio sistema de responsabilização penal, a imputabilidade, o dolo e a culpabilidade, mas, fundamentalmente, para discutir a polêmica do livre arbítrio que afeta a própria fundamentação do Direito Penal, sobretudo no campo da pena (Bianchini, Molina & Gomes, 2009).

A Psicologia pode trazer uma análise científica do problema criminal contando com um tríplice sentido: (a) elabora e formula teorias e modelos sobre a gênese do comportamento criminal, explicando o delito ao observar diretamente a própria conduta, contribuindo para sua explicação científica; (b) clarifica e desmitifica processos reais que servem de suporte à punição, a função dissuasória da pena, com seu impacto preventivo, contribuindo para a busca de estratégias político-criminais científicas e eficazes capazes de prevenir a criminalidade com racionalidade, reduzindo o absurdo custo social da "fuga para o Direito Penal"; (c) no âmbito clínico terapêutico, com técnicas de intervenção e tratamento seguidos nas instituições penitenciárias (Molina, 1999).

Deste modo, verifica-se que a Psicologia constitui peça fundamental nos programas de prevenção do delito (Molina, 1999). Entretanto, vários são os questionamentos que podem ser feitos na discussão da polêmica do livre arbítrio, determinismo e culpabilidade, na Filosofia, na Psicologia e no próprio Direito.

As concepções sobre o fenômeno criminoso, uma das espécies de comportamento humano, presentes na doutrina jurídico-penal, correspondem a distintas visões de mundo, traduzidas em várias escolas penais, das quais duas se destacam: a Escola Clássica e a Escola Positiva.

Para a Escola Clássica, há um problema substancial no direito punitivo, definir o que é moral fazendo defesa do livre arbítrio, referindo-se ao fundamento jurídico da punição e a finalidade da pena. Destacam-se como representantes desta escola Beccaria, Filangieri, Rossi, Carmignani, Romagnosi e Carrara (Bruno, 1959). Segundo a Escola Clássica, crime não é comportamento, é algo abstrato, é uma infração a um ente jurídico, o desrespeito ao próprio ordenamento jurídico como um todo. O fundamento da responsabilidade penal, nesse sentido, é a responsabilidade moral, que tem por fundamento o livre arbítrio e a pena, para esta escola, um mal justo que se contrapõe à injustiça do mal praticado pelo agente (Bruno, 1959).

A Escola Positiva surge como uma exigência prática científica, uma vez que as explicações da escola clássica não indicam preocupação com as causas do comportamento dos indivíduos. Autores como Lombroso (1897/2001), Ferri (1928) e Garofalo (1891/1997) destacam entendimentos no sentido de que substituem a reponsabilidade moral pela responsabilidade social, concluindo que todo homem é sempre responsável por toda ação criminosa que pratica, unicamente porque vive em sociedade (Bruno, 1959). A razão e o fundamento da pena, para esta escola, é a defesa social que se promove mais eficazmente pela prevenção que pela repressão dos fatos criminosos. O crime passa ser uma questão médica, psicológica e sociológica (Ribeiro, 1995).

O crime decai de uma posição abstrata, de ente jurídico, para tornar-se mero episódio de desajustamento social do homem, ação condicionada pelas forças íntimas da personalidade do agente e externas do seu mundo circundante. Surge a Criminologia como disciplina que estuda de forma compreensiva o fenômeno criminal na sua integralidade, ou seja, todo o sistema de aplicação da justiça penal, ou nos dizeres de Dias (1999, p. 47), o "inteiro processo de produção da delinquência". A Criminologia foi intensamente modificada, nos anos 60, passando a ser chamada de criminologia radical, de inspiração marxista, a partir da teoria do interacionismo, ou *labeling approach,* também denominado etiquetamento ou rotulação (Dias, 1999). A inspiração marxista indica que é pelas próprias características do sistema capitalista, o individualismo, o consumismo e a competição que surge o preconceito e também a pobreza (Goffman, 2005). Ressalte-se que o termo rotulação é também utilizado na Psicologia, em especial na psicopatologia.

A *labeling approach* é uma teoria que se preocupa em compreender as reações das instâncias oficiais de controle, considerando que estas desempenham um papel constitutivo da criminalidade, elas é que qualificam o que é desviante e o que não é (Dias, 1997). Para esta teoria o crime é uma categoria que é mutável e a conduta desviante é construída pela sociedade, não se tratando de qualidade do ato cometido, mas de uma consequência de aplicação pelos outros das regras e sanções para o opressor (Schecaira, 2008). Quem, apesar de ter praticado o mesmo comportamento desviante, não for alcançado pelo sistema, não adquire o status de delinquente (Baratta, 2002). Essa teoria questiona: a) quem é definido como desviante; b) quem define quem; c) como se dá a formação da identidade desviante; d) o que é desvio; e) o que é etiquetamento. Discute-se como o grupo busca definir o que é certo ou errado, e aponta que o infrator passa a não ser confiável para viver no grupo, surgindo daí a intolerância e a estigmatização desse agente e de consequência a sua exclusão. Este estigma gera a tendência a permanecer no papel social que o estigma fez e, por vezes, liga-se à cor da pele, condição social (Baratta, 2002; Ribeiro, 1995). Por exemplo, em crimes contra o sistema financeiro nacional cujo resultado em prejuízo econômico é de grande vulto, não são vistos com tanta reprovação quanto outros crimes, como o roubo, que também envolve perda patrimonial (Castilho, 2001).

(...)

3.1 Livre arbítrio

O tema Livre Arbítrio traz, desde sempre, enorme discussão e o entendimento sobre o tema divide as pessoas até hoje, uns defendem e outros negam sua existência. O homem sempre e em qualquer condição faz suas escolhas e é responsabilizado por elas.

Livre arbítrio é o nome que se dá à capacidade de escolha, supõe algo além da hereditariedade e do ambiente, algo dentro do indivíduo (Baum, 2005/2006). De acordo com o livre arbítrio, a responsabilidade pelo comportamento é do indivíduo (Vázquez, 2002). No comportamento há algo mais do que hereditariedade e ambiente, que as pessoas têm liberdade para escolher o curso de suas ações.

A definição de dicionário de livre arbítrio o traz como a possibilidade de exercer um poder sem outro motivo que não a existência mesma desse poder; liberdade de indiferença, referindo-se principalmente às ações e à vontade humana, e pretende significar que o homem é dotado do poder de agir sem motivos ou finalidades diferentes da própria ação (Ferreira, 1986). De acordo com Morris (2002) tem-se:

Um mundo que é, em certos momentos e épocas, indeterminado o bastante para evocar deliberação e por em jogo a escolha para moldar seu futuro, é um mundo em que a vontade é livre, não porque é inerentemente vacilante e instável, mas sim porque a deliberação e a escolha são fatores estabilizadores (p. 513).

Santo Agostinho é um dos primeiros a usar o conceito de livre arbítrio como a faculdade da razão e da vontade por meio da qual é escolhido o bem, mediante o auxílio da graça, e o mal pela ausência dela (Agostinho, 1990). De sua vez, Santo Tomás de Aquino compartilha da aceitação do livre arbítrio, como causa do próprio movimento porque o indivíduo determina a si mesmo a agir. Além destes, vários filósofos trataram do tema, como Aristóteles, Descartes, Espinoza (Aranha, 2003).

O livre arbítrio afirma que, apesar da herança e dos impactos ambientais, uma pessoa que se comporta de uma dada forma poderia ter escolhido comportar-se de outra maneira. Afirma que algo além do mero sentimento de ser capaz de escolher poderia parecer que somos capazes de tomar ou não um sorvete e, no entanto, o ato de tomar sorvete poderia ser inteiramente determinado por eventos passados. O livre arbítrio afirma que a escolha não é uma ilusão, que são as próprias pessoas que causam o comportamento (Baum, 2005/2006). Seria absurdo pretender que as pessoas vivessem como se nada em absoluto fosse conhecido no mundo antes que elas chegassem nele; como se a experiência ainda não houvesse feito nada para mostrar que um modo de existência, ou de conduta, é preferível a um outro (Morris, 2002).

3.2 Determinismo

A partir do século XIX, determinismo é o termo empregado para referir-se à realidade conhecida e controlada pela ciência e, no caso da ética, particularmente ao ser humano como objeto das ciências naturais e das ciências humanas, portanto, como completamente determinado pelas leis e causas que condicionam seus pensamentos, sentimentos e ações, tornado a liberdade ilusória (Aranha 2003). Segundo o determinismo, tudo o que existe tem uma causa. A filosofia behaviorista é grandemente baseada no determinismo (Baum, 2005/ 2006). O determinismo é um princípio que analisa a ocorrência de comportamentos sendo controlados por algum tipo de variável. Estas variáveis fazem parte do ambiente onde a pessoa se insere e nelas pode-se encontrar a explicação do porquê da ocorrência dos comportamentos.

O determinismo pode ser encontrado desde o século XVIII em filósofos materialistas franceses, como D'Holbach e La Mettrie, que explicam os atos humanos como simples elos de uma cadeia universal. No século XIX, com o positivismo comteano, a escolha livre passa ser considerada uma ilusão. Taine, um filósofo discípulo de Comte, conhecido na sociologia, explica a vida humana social no determinismo dado pelos fatores raça (conteúdo biológico e hereditário), meio (fatores geográficos, ambiente sócio cultural, ocupações da vida cotidiana) e momento (fruto da época em que vive e subordinado a determinada maneira de pensar característico de seu tempo), (Aranha 2003). Também pode ser citado como autor determinista Lombroso, com o determinismo biológico. Na literatura com Emile Zola, segundo o qual cabe ao romance experimental completar a fisiologia, tratar do homem determinado pelas influências do meio. No Brasil, na linha naturalista tem-se os romances de Aluízio Azevedo.

A concepção tradicional de homem é a de que ele mesmo se torna responsável por tudo o que faz. Para a escola psicológica behaviorista radical (Skinner, 1953/2003), cujo objetivo é considerar apenas os fatos que podem ser objetivamente observados no comportamento das pessoas em relação com seu meio ambiente, não há que se falar em livre arbítrio. O ambiente passa a ser causa e fonte de controle do comportamento. É inegável sua importância. Nele há inúmeras variáveis que interferem no processo de escolha como a consequência reforçadora, o estímulo antecedente, a consequência punitiva, a interferência do julgamento moral e seus efeitos sobre as pessoas, além de contingências que surgem (Baum, 2005/ 2006)

Diz-se que liberdade é ter escolhas (Schwartz, 2005). Para o analista do comportamento, ter "escolhas" não tem nada a ver com livre arbítrio, significa apenas que mais de uma ação é possível. Além de se ter escolhas, é importante também não ser punido por elas (o ideal de um controle apropriado é o controle feito por reforçadores positivos) (Baum, 2005/2006).

A liberdade é uma questão de contingências de reforço, e não dos sentimentos que as contingências geram. A luta do homem pela liberdade não decorre de um desejo de ser livre, mas de determinados processos comportamentais característicos do organismo humano, cujo principal efeito é a evitação ou a fuga às particularidades aversivas do ambiente (Skinner, 2000).

Há argumentos em favor da tese de que nenhuma ação humana é livre, sendo o comportamento causado por diversos fatores, internos e externos, genes e meio ambiente. A causalidade, portanto, é uma relação de acontecimentos e requer descrições deterministas.

Sober (2005/2009) afirma que uma causa não tem que ser uma condição suficiente para o seu efeito e que, por vezes, as causas não são condições necessárias para seus efeitos. Diferencia-se a causa do acontecimento e causa completa desse acontecimento. Exemplifica citando que riscar um fósforo é uma causa de o fósforo acender, mas é apenas parte do conjunto de fatos relevantes para tanto, sendo necessário observar que o fósforo é riscado de certa maneira, que há oxigênio presente, que o fósforo está seco, dentre outros. A partir dessas informações, pode-se dizer que o fósforo irá acender, e mais, a descrição completa dos fatores causais garante o que acontecerá a seguir, que é a tese do determinismo.

Isso ocorre inúmeras vezes, descrevem-se fatos relevantes sobre um objeto ou uma situação, de modo que a descrição faz com que, embora em aberto o fato, tem-se uma indicação do que ocorrerá a seguir, como único caminho, ou como o caminho mais provável. A ideia de causação deriva de alguma relação entre objetos, e é essa relação que interessa investigar (Quiton, 1999).

Causa e efeito são existências distintas de acordo com Hume (1748/2009). Assim dispõe Quinton (1999):

Todos os raciocínios referentes a questões de fato parecem fundar-se na relação de causa e efeito. É somente por meio dessa relação que pode-se ir além da evidência de nossa memória e nossos sentidos. Se se perguntasse a um homem porque ele acredita em uma questão de fato qualquer que não está presente – por exemplo, que seu amigo acha-se no interior, ou na França, ele nos daria uma razão, e essa razão seria algum outro fato, como uma carta recebida desse amigo, ou o conhecimento de seus compromissos anteriores e resoluções. Um homem que encontre um relógio ou qualquer outra máquina em uma ilha deserta concluirá que homens estiveram anteriormente nessa ilha. Todos os nossos raciocínios relativos a fatos são da mesma natureza. E aqui se supõe invariavelmente que há uma conexão entre o fato presente e o fato que dele se infere. Se nada houvesse que os ligasse, a inferência seria completamente incerta (p. 24 e 25).

Necessário destacar que se existe o acaso, o presente não determina o futuro. Surgiria, então, a discussão sobre a verdade do determinismo e sobre probabilidade.

Sober (2005/ 2009) discute que se o determinismo é verdadeiro. A única razão para se falar em probabilidade seria diante da falta de uma descrição completa de uma situação, tendo em vista que o determinismo diz que a descrição completa de um sistema num dado momento determina univocamente o que sucederá, não deixando aberto diferentes possibilidades. De lado oposto, caso o determinismo fosse falso, o acaso seria também uma maneira de as coisas acontecerem (Sober, 2005/2009). Tem-se em Hume (1748/2009):

> Algumas causas são inteiramente uniformes e constantes na produção de um efeito particular, e jamais se verificou que haja ocorrido qualquer falha ou irregularidade em sua operação. O fogo sempre queimou, e a água sempre sufocou toda criatura humana; a produção de movimento por impulso e gravidade é uma lei universal que até este momento jamais comportou exceção. Outras causas, contudo, verificaram-se mais irregulares e incertas: nem sempre o ruibarbo se demonstrou purgativo ou o ópio soporífero aos que já tomaram esses remédios. É verdade que, quando uma causa qualquer falha na produção de seu efeito usual, os filósofos não atribuem isso a qualquer irregularidade na natureza, mas supõem que causas secretas na estrutura particular das partes impediram a operação (p. 106-107).

Memória do capitulo 5.

Escolas clássica e positivista.

Escola clássica:
método e raciocínio lógico-dedutivo;
idealismo;
racionalismo;
liberalismo individualista;
contratualismo;
jusnaturalismo (normas absolutas e eternas; livre arbítrio);
ilícito (fenômeno jurídico, voluntariedade e consciência [livre-arbítrio], pena = retribuição e prevenção especial).

Escola positivista:
método indutivo-experimental;
determinista;
defensivista;
crime como fenômeno natural e social (defesa da social, recuperação do indivíduo, controle = pena [prevenção geral]);
fases (antropológica, sociológica, jurídica).

Fase antropológica:
método empírico-indutivo ou indutivo-experimental;
causalismo;
– Cesare Lombroso (obra "O homem delinquente"); crime (fenômeno biológico [determinismo], atavismo, degeneração epilética); delinquente (nato), características: fronte fugidia, crânio assimétrico, cara larga e chata, grandes maçãs no rosto, lábios finos, canhotismo, barba rala, olhar errante ou duro.

Fase sociológica:
método empírico-indutivo;
causalismo;
– Enrico Ferri (obra "Sociologia Criminal"); delito (antropológico, fato físico, cultural); criminoso: nato, louco (ou

semilouco), habitual, passional); livre-arbítrio = mera ficção; punibilidade = defesa social (repressão, prevenção geral).

Fase jurídica:
método empírico-indutivo;
causalismo;
– Rafael Garófalo (obra *"Polémica en defensa de la Escuela Criminal Positiva"*; crime (reside no homem, degeneração); criminoso: nato (instintivo), fortuitos (de ocasião), defeito moral especial (violento, ímprobo, cínico); periculosidade = maldade (medida de segurança para incapazes).

Terza scuola:
método empírico-indutivo;
causalismo;
– Manuel Carnevale, Bernardino Alimena e João Impallomeni; ilícito (fenômeno social, individual, causas múltiplas); responsabilidade moral (imputabilidade, inimputabilidade = medida de segurança); defesa social = pena

Temática do capítulo 5. Consultar:

Alessandro Baratta. **Criminologia Crítica e Crítica do Direito Penal: introdução à sociologia do direito penal**. 3ª ed., Rio de janeiro: Editora Revan, Instituto Carioca de Criminologia, 2002.

Arthur Santileone. **Direito Penal Brasileiro e Psicologia Jurídica**. e-book Amazon, 2021.

Cláudia Luiz Lourenço, **Crime: Livre-arbítrio ou Determinismo?**, Ilumina, 2016.

Nestor Sampaio Penteado Filho. **Manual esquemático de criminologia**. 2. ed. São Paulo: Saraiva, 2012.

Newton Fernandes e Valter Fernandes. **Criminologia integrada**. 3ª ed. rev. atual, ampl. São Paulo: Editora Revista dos Tribunais, 2010.

Roberto Lyra Filho. **O que é o direito**. 11ª ed. Editora Brasiliense: São Paulo.

Sérgio Salomão Shecaria. **Criminologia**. 4ª ed. São Paulo: Editora Revista dos Tribunais, 2012.

Thais Bandeira e Daniela Portugal. **Criminologia**, Salvador: UFBA, 2017.

Capítulo 6 – Criminologia: uma divisão.

Sumário: Ramos da criminologia. Criminologia geral e clínica.

Ramos da criminologia.

Os estudiosos costumam dispor seus campos de interesses agrupando-os através de classificações visando facilitar a abordagem e a apresentação didática dos temas.

No caso da criminologia alguns a dividem pela forma seguinte: a) *científica* voltada para os conceitos e métodos acerca da criminalidade, do crime, do criminoso, da vítima e da justiça penal; b) *aplicada* cuidando da prática daqueles envolvidos na operacionalização das regras jurídicas; c) *acadêmica* versando sobre a sistematização de princípios teóricos e voltada para fins pedagógicos; d) *analítica* tratando da verificação do desempenho das ciências criminais e da política criminal; e e) *crítica*, utilizando método dialético do materialismo histórico, preocupando-se com o fenômeno criminógeno a partir de contexto econômico-político gerado pelo capitalismo onde avulta a divisão social do trabalho, a luta de classes, a globalização econômica e a polarização entre países desenvolvidos e subdesenvolvidos (dependentes).

Em decorrência de reunião internacional da unesco, realizada em Londres, adotou-se a ideia de dividir a criminologia em dois ramos: a) *geral*; e b) *clínica*. A primeira trata da sistematização, comparação e classificação dos resultados obtidos pelas ciências criminais respeitantes ao delito, ao agente, à vítima e ao controle social da criminalidade. A segunda ocupa-se com a aplicação de conhecimentos teóricos visando o tratamento do infrator para reconduzi-lo aos caminhos desejados pela sociedade. São ramos interdependentes apesar de que cada um deles apresentar objeto e metodologia próprios.

A criminologia geral (sociológica) lança mão do método estatístico privilegiando a dedução. Já a criminologia clínica (bioantropológica) usa o método da análise individual de casos envolvendo a indução.

Criminologia geral e clínica.

A criminologia geral compõe-se dos conhecimentos teóricos de forma global acerca do fenômeno criminógeno coletados pelas diversas disciplinas que a auxiliam (a exemplo da antropologia, da sociologia e da psiquiatria, dentre outras). Trata-se de conhecimento sistematizado acerca da fenomenologia do crime e da sua realidade.

A criminologia sociológica (geral), diversamente da criminologia clínica, insiste na preponderância da influência ambiental (exógena) para a gênese do crime. Para a primeira o importante é identificar o meio criminógeno em que se encontra o homem.

De outra banda a criminologia clínica ocupa-se do estudo científico do comportamento humano tido por delituoso. Analisa ela as nuances estruturais, funcionais e causais num indivíduo, bem como os fatores externos influenciadores ou determinantes da conduta pessoal. Tais investigações científicas estendem-se por diversos ramos a exemplo da biologia, da genética, da psiquiatria, da psicologia, da endocrinologia e da toxicologia, dentre outros.

Essas linhas de pesquisa procuram explicação etiológica endógena do crime e do criminoso. Partem do pressuposto de que a causa da conduta ilícita reside no próprio homem e em razão de anormalidade física e/ou psíquica.

Nos últimos tempos pesquisas estão sendo realizadas a partir dos prismas do livre arbítrio e do determinismo. Implicam tais estudos em possível manipulação genética envolvendo os genes humanos. Isto leva à engenharia genética e a possíveis fórmulas que desaguariam num processo de eugenia. É o homem brincando de divindade alterando o processo evolutivo visando uma suposta perfeição. Isto poderá ter um preço bastante alto. É a tentativa de profilaxia para correção dos defeitos físicos e mentais. Essa "higiene mental" levaria ao "tratamento" de doente-criminoso e à cura de viciados em drogas ou de homossexualidade. Já vimos esse filme no período hitlerista durante a segunda guerra mundial.

Acerca da engenharia genética aconselhamos a leitura da obra *Homo Deus* escrita pelo historiador Yuval Harari, em especial o último capítulo.[29]

A criminologia clínica apresenta-se como aplicação da criminologia geral e uma das suas funções é estabelecer estratégias de reabilitação (ressocialização) do criminoso. Identificam-se aí três vertentes: a) *médico-psicológica*; b) *psicossocial*; e c) *inclusão social*.

O modelo médico-psicológico enfatiza o indivíduo e a personalidade estabelecendo entre esta e a conduta ilícita uma relação direta. Por sua vez o modelo psicossocial ressalta a individualidade em seu contexto entendendo que as características da personalidade teriam o condão de viabilizar o agir delituoso. Finalmente o modelo de inclusão social leva em consideração principal o paradigma das inter-relações sociais entendendo que as condições duma pessoa podem viabilizar comportamento socialmente indesejado redundando em processo de criminalização.

Abordando o tema diz Nestor Sampaio Penteado Filho:

"Criminologia clínica é uma ciência interdisciplinar que visa analisar o comportamento criminoso e estudar estratégias de intervenção junto ao encarcerado, às pessoas envolvidas com ele e com a execução de sua pena. Busca conhecer o encarcerado como pessoa, conhecer as aspirações e as verdadeiras motivações de sua conduta criminosa.

A criminologia clínica traça estratégias de intervenção, voltando-se também para os diretores e agentes de segurança penitenciários, visando envolvê-los num trabalho conjunto com os técnicos, assim como envolver todos os demais serviços do presídio e, de forma especial, a família do detento. Ademais, sua aplicação levará em conta as respostas às estratégias de intervenção propostas, valendo-se, não só de avaliações técnicas, mas também das observações dos outros profissionais, incluindo aí os agentes de segurança penitenciários, observações essas que serão tecnicamente colhidas e interpretadas pelo corpo técnico"[30].

---

[29] Yuval Noah Harari. Homo Deus: Uma breve história do amanhã. São Paulo: Companhia das Letras, 2016 (disponível também em e-book).

[30] Penteado Filho, Nestor Sampaio. Manual esquemático de criminologia (2ª parte, 1º capítulo). 2. ed. São Paulo: Saraiva, 2012.

Por sua vez Alvino Augusto de Sá expõe:

"A Criminologia Clínica é a ciência que, valendo-se dos conceitos, princípios e métodos de investigação médico-psicológico (e sociofamiliares), ocupa-se do indivíduo condenado, para nele investigar a dinâmica de sua perspectiva de desdobramentos futuros (prognóstico) para, assim, propor estratégias de intervenção, com vista à superação ou contenção de uma possível tendência criminal e a evitar a reincidência (tratamento)"[31].

---

[31] AUGUSTO DE SÁ, Alvino. Criminologia clínica e psicologia criminal. São Paulo: Revista dos Tribunais, 2007.

Leitura complementar do capítulo 6.

Ramos da criminologia (Newton Fernandes e Valter Fernandes).

Newton Fernandes e Valter Fernandes. **Criminologia integrada**. 3ª ed. rev. atual, ampl. São Paulo: Editora Revista dos Tribunais, 2010.
(Pags. 47 a 52)

2.4. Ramos e atribuições da Criminologia

Importante salientar, ainda uma vez, a natureza científica da Criminologia e sua autonomia. É ciência autônoma porque possui um objeto perfeitamente delimitado: os fatos objetivos da prática do crime e da luta contra o delito. Sua esfera de ação, além disso, é demarcada pelo universo normativo do Direito.

A propósito, de assinalar que, em reunião internacional da Unesco, em Londres, logrou-se desmembrar a Criminologia em dois ramos: a Criminologia Geral e a Criminologia Clínica. Desse conclave participaram criminólogos domais alto nível e, entre eles, Pinatel, Kinberg, Wolfgang, Sellin e o brasileiro Leonídio Ribeiro. Esse desmembramento, do consenso da Unesco, inclusive foi acolhido por Lopez-Rey e pelo ilustre médico e professor italiano Franco Ferracuti.

Lopez-Rey divide a Criminologia em Criminologia Científica, Criminologia Aplicada, Criminologia Acadêmica e Criminologia Analítica.

A Criminologia Científica compreende conceitos, teorias e métodos sobre a criminalidade como fenômeno individual e social, a par de atentar para o delinquente, para a vítima e para o sistema penal.

A Criminologia Aplicada é constituída pela Criminologia Científica e pela Criminologia Empírica, criada pelos juízes e demais obreiros do sistema penal.

A Criminologia Acadêmica se restringe à sistematização dos princípios gerais da ciência para fins didáticos.

Por fim, para Lopez-Rey, a Criminologia Analítica comprova se as outras ciências criminológicas e a Política Criminal cumprem os seus objetivos.

Para o sociólogo norte-americano Martin E. Wolfgang e para o psicólogo italiano Franco Ferracuti, a Criminologia se desdobra em Criminologia Sociológica e Criminologia Clínica. A Criminologia Sociológica compreende o magistério e a investigação com base na Sociologia. A Criminologia Clínica se manifesta por via da aplicação dos conhecimentos criminológicos e do estudo dos problemas forenses e penitenciários, consistindo, em síntese, na aplicação integrada e conjunta do saber criminológico e técnico para solução de casos particulares, com fins de diagnóstico e terapêutica.

As disciplinas preconizadas por Wolfgang e Ferracuti seriam de dois tipos: (a) disciplinas fundamentais ou ciências criminológicas: Biologia Criminal, Psicologia Criminal, Sociologia Criminal, Penologia e Criminologia propriamente dita; (b) ciências anexas e Medicina Legal, Psicologia Judiciária e Polícia Científica.

Pontifica do explicitado, por sua objetividade e abrangência, a divisão adotada pela Unesco, ou seja: Criminologia Geral e Criminologia Clínica, competindo à primeira a comparação e sistematização dos resultados obtidos nas diversas ciências criminológicas e estudando, a partir desse momento, o criminoso, o crime e a criminalidade. O crime sendo considerado consoante a situação do ato criminoso, sua forma, os fatores da infração e a dinâmica de determinados delitos. O criminoso sendo analisado segundo a disposição hereditária, o biotipo, o transtorno mental e o mundo circundante. A criminalidade sendo encarada em razão de suas tendências, dos tipos criminosos e da violência empregada.

Como bem esclarecem Wolfgang e Ferracuti, a Criminologia Clínica consiste no *approche* interdisciplinar no caso individual, com a contribuição dos princípios e métodos das ciências criminológicas. O objetivo desse enfoque interdisciplinar é estudar a personalidade do delinquente para estabelecer o diagnóstico criminológico e a prognose social, com proposta do plano de ressocialização do criminoso. Em outras palavras: aplicar os princípios e métodos das criminologias especializadas, comportando as seguintes etapas: exame, diagnóstico, prognóstico e tratamento". O grande mérito do exame criminológico é aquele de ensejar o conhecimento integral do homem delinquente, sem o que não se aplicará uma justiça eficaz e apropriada, restando mero critério de valorização político-jurídica.

A Criminologia Clínica consiste na aplicação pragmática do conhecimento teórico da Criminologia Geral, sem que isto desvirtue o caráter autônomo daquela, conquanto intimamente ligadas ambas as criminologias. Além do mais, a pesquisa científica tem como ponto de partida a Clínica Criminológica. Clínico e pesquisador se completam no progresso científico da Criminologia.

De lembrar que é a Criminologia Geral que sistematiza os resultados das criminologias especializadas e os dados da prática criminológica. O caso particular demanda um estudo interdisciplinar, com supedâneo nas ciências criminológicas e na experiência clínica dos centros de observação e estabelecimentos de reeducação do delinquente. A observação científica é um dos métodos da Criminologia Clínica, seguida de interpretação no caso de diagnóstico criminológico, ainda que na fase de execução do tratamento reeducativo, antes, portanto, da classificação penitenciária ou início do programa de reeducação do delinquente.

Para Pinatel, e também para Carrol, a futura Criminologia sairá da elaboração e sistematização da prática criminológica. Tem-se a Criminologia Clínica como o traço de união entre a Criminologia propriamente dita e a Penologia. A Criminologia Clínica, em última instância, tem por finalidade o estudo da personalidade do delinquente e o seu tratamento. Dissente, por consequência, da Psiquiatria Criminal, que se restringe à perícia psiquiátrica e à avaliação da responsabilidade criminal. No plano científico, na verdade, a Criminologia Clínica principia onde finda a Psiquiatria Médico-Legal, melhor dizendo, onde se abandona o domínio patológico.

A rigor, o estudo da Criminologia Clínica deverá absorver sua interdisciplinaridade e também os seguintes temas: Penologia, Direito Penitenciário; exame médico-psicológico e social do delinquente, classificação penitenciária é plano de tratamento reeducativo do preso, espécies de tratamento (institucional, em semiliberdade etc.), métodos de trabalho reeducativo (pedagógicos, psicológicos) psiquiátricos, sociológicos), execução do processo de cura reeducativo (labor nos centros de observação, nas casas de reeducação, nos nosocômios de custódia é assistência psiquiátrica etc.).

Embora voltada para a reeducação do delinquente e sua reinserção social, a Criminologia Clínica igualmente contribui para a prevenção da criminalidade e para a extirpação das condições criminógenas da sociedade através de pesquisas junto à coletividade e notadamente em bairros miseráveis e favelas.

Compete, enfim, à Criminologia, servindo-se do método científico, o estudo do criminoso e do crime, como acontecimentos sociais que são provindos de múltiplas causas internas e externas. Minudenciando a conceituação, o criminologista Orlando Soares indica, com descortino, que a Criminologia é ciência que pesquisa: as causas e concausas da criminalidade; as causas da periculosidade preparatória da criminalidade; as manifestações e os efeitos da criminalidade e da periculosidade preparatória da criminalidade; a política a opor, assistencialmente à etiologia da criminalidade e à periculosidade preparatória da criminalidade.

É asserção pacífica que a Criminologia tem objeto independente e determinado. Sendo uma ciência realista e não normativa, a Criminologia tem como objeto a dimensão naturalística do evento criminoso. Conquanto seja uma ciência experimental e não especulativa, a Criminologia considera o objeto integralmente, sem qualquer abstração, de modo autônomo e definido, jamais dispensando o auxílio do objeto de outras ciências. Sutherland enfatiza que "o objetivo da Criminologia é o desenvolvimento de um corpo de princípios gerais e verificados de outros tipos de conhecimentos relativos a esse processo de lei, crime e tratamento". Efetivamente, para atender a sua finalidade, a Criminologia não pode atuar isoladamente, havendo que recorrer ao objeto de outras ciências, mesmo porque o conhecimento não se confina nos limitativos de uma única ciência. O criminólogo absolutamente não poderá ser observador passivo da sucessão criminal. Não. Ele terá de ser um participante ativo, seja como cidadão, seja como pesquisador, contribuindo com seu *know-how* de conhecimentos na abordagem e perquirição do fenômeno criminal.

Utilizar-se-á, o criminologista, da experimentação direta e indireta. Por via da experimentação direta, alcançada por intermédio de dados propiciados pelos sistemas penitenciários, ele terá elementos de valia para indagar, verticalmente, a transição do homem normal ao homem delinquente. Concernentemente à experimentação indireta, ela será desenvolvida com o estudo dos fatos anormais naturalmente sucedidos. Aqui, como ensina Roberto Lyra, o criminólogo não poderá olvidar que "o crime é um fato social de consequências jurídicas e não um fato jurídico de aspectos sociais". Terá de saber o criminologista, por outro lado, que os fatos sociais são processos de interação que envolvem as pessoas, os grupos coletivos e as heranças sociais, não havendo critérios infalíveis para diferenciar o homem que poderá delinquir daquele que não poderá delinquir. Comporta, por oportuno, a afirmativa de Gabriel Tarde que "nenhum de nós pode se gabar de não ser um criminoso nato relativamente a um estado social determinado, passado, futuro ou possível". A ideia do crime, verdadeiramente, é inata no homem, talvez preexistindo à sua própria consciência.

Genericamente, considera-se ciência o conjunto de conhecimentos relativos a determinado objeto, em especial os obtidos mediante a observação, a experiência dos fatos e um método próprio.

Como é curial, toda ciência se caracteriza pela existência de método e objeto. É o objeto, aliás, que distingue as ciências. Método é o fim que conduz ao conhecimento ou à verdade científica. Existe uma profunda ligação entre a natureza do objeto e a do método, o que gera uma condição de dependência entre um e outro e que, por consequência, irá refletir no âmago da própria ciência. Até porque o conhecimento não prospera sem o objeto.

O objeto da Criminologia é a dimensão naturalística da prática do delito, no dizer de Ernest Seelig. Esclarecendo melhor, Sutherland explica que "o objeto da Criminologia é o desenvolvimento de um corpo de princípios gerais e verificados de outros tipos de conhecimentos relativos a processos de lei, crime e tratamento". É ainda Seelig que assinala que o objeto da Criminologia é o delito isolado, a criminalidade como fenômeno comunitário, além das causas do crime como fenômeno individual e o embate contra a delinquência. Por conseguinte, o homem somente diz respeito ao objeto da Criminologia quando é o homem-delinquente, antes não.

O método da Criminologia é o da experimentação e observação, elementos de fundamental importância para o estudo acurado da transição do homem normal ao homem criminoso.

Conquanto alguns ainda lhe neguem o caráter científico, hoje parece indiscutível que a Criminologia é uma ciência. Ciência que aborda o acontecimento delitivo nos seus aspectos individual e antissocial e na sua causação, destacando seus fatores; na intenção de atenuar a incidência delinquencial.

Abonando o caráter científico e independente da Criminologia, Hans Von Hentig afirma que "se entendermos por uma ciência um conjunto de conhecimentos suscetíveis de serem aprendidos e ensinados e que podem ser aplicados com razoável grau de certeza, a Criminologia chegou a esse ponto. Os médicos, os filósofos e outros querem negar esse conteúdo e objetam que o material criminológico não pode ser manipulado em tubos de ensaio e que não pode ser dirigido por experiências e contraexperiências. A objeção não é justa. Pode-se muito bem manipular o material criminológico se ousarmos fazê-lo".

Não há negar que a Criminologia pode cooperar eficazmente para a fixação de estratégias de combate às causas da criminalidade e dos fatores criminôgenos, bem como para a formulação de uma Política Criminal evoluída, através de acolhimento das recomendações cientificamente elaboradas, mas sem chegar ao exagero, por exemplo, do emprego da lobotomia prefrontal ou leucotomia sugerida pelo médico português Egas Moniz, consistente numa pequena incisão na parede craniana, mais especificamente na substância branca do cérebro, com o intuito de eliminar as tendências de periculosidade do indivíduo e sua despersonalização: é a aniquilação da vida mental, reduzindo o indivíduo a uma existência sob o exclusivo império de puros automatismos.

Como pondera Orlando Soares, à Criminologia está reservado relevante papel no sentido da denúncia contra a violência, a exploração e a opressão que tem ensejado tantos séculos de opacidade na existência dos povos.

Ainda que recorrendo a disciplinas como a Sociologia, a Psicologia, a Antropologia, a Psiquiatria, a Biotipologia, a Biopsicologia e a Endocrinologia para a consecução de seus objetivos, a Criminologia necessita conhecer a psicofisiologia do delinquente, sendo-lhe indispensável o estudo de suas glândulas endócrinas. É preciso, com efeito, analisar as funções puramente psíquicas das glândulas endógenas do criminoso.

Outrossim, também sendo necessário auscultar a Psiquiatria Forense ampliada, a Criminologia deve enfocar didaticamente a Psicobiologia e a Psicopatologia. Até porque, em Psiquiatria Forense, existem formas biotipológicas distintas. Cada personalidade raciocina ante as percepções segundo o diagnóstico personológico e psicopatológico individual. Existe o paranoico normal e o enfermo ou esquizofrênico, com reações violentas e instantâneas. A paranóia é aparentemente normal. A loucura lúcida é chamada paranóia. O conjunto paranoico apresenta diversos graus. A psicose paranóica socialmente mais perigosa é aquela que priva da razão e conduz ao crime. Existe, também, o neurastênico de dupla personalidade doentia, ou oligofrênico, assassino vulgar via de regra. Existe o epilético, o esquizoide de variedade hipersensível ou hiperestésico com base genotípica.

Sendo de vital importância a análise psicossomática do delinquente, é intransferível que se pesquise seu sistema nervoso de relação central-vegetativa. Urge explorar a fundo, no criminoso, seu eu, os recônditos mais profundos de sua mente. A psicoterapia a ser aplicada deve ser polifacética. As penitenciárias devem se converter em clínicas psiquiátricas, hospitais, universidades, escolas, fábricas, oficinas, granjas agrícolas. Cada delinquente deve ter seu professor especializado.

Criminologicamente falando, urge fomentar o progresso da manipulação genética, mormente da engenharia genética e da engenharia eugênica. Manipulando adequadamente os segredos dos genes o homem tornar-se-á o fiador de sua própria evolução e perfeição biopsíquica.

É premente que a Psiquiatria Ampliada tire a Criminologia do estado de quase-estagnação em que se encontra. O Direito Penal deve ser reformado com assentamento na Criminologia Científica. Importa harmonizar cada vez mais o binômio Criminologia-Psiquiatria.

Dentro da profilaxia criminal indireta, não se pode esquecer o saliente papel que está reservado à Medicina com providências como os exames pré-nupcial e pré-natal, a proteção à maternidade e à infância, a correção dos defeitos físicos e mentais, a higiene mental, o tratamento de várias doenças, a cura e recuperação de viciados em drogas, os cuidados e regras de alimentação. Tudo isso, e toda ação médica, poderá caminhar no sentido da meta almejada por Juvenal: *mens sana in corpore sano.*

Pertinentemente à profilaxia criminal direta, a par das medidas endereçadas à prevenção do delito em estruturação mental, do crime em *cogitatio,* sobrevêm aquelas de ordem coibitiva: inexorabilidade da justiça Penal, apenamentos compatíveis, processo terapêutico e tratamento médico adequado para restabelecer ou melhorar a saúde do doente-criminoso.

Memória do capítulo 6.

Ramos da criminologia.

Científica: criminalidade, crime, criminoso, vítima e justiça penal (conceitos e métodos).
Aplicada: operacionalização das regras jurídicas.
Acadêmica: sistematização de princípios teóricos.
Analítica: desempenho das ciências criminais e da política criminal.
Crítica: uso do método dialético do materialismo histórico.

Proposição da unesco.
Criminologia geral (sociológica): sistematização, comparação, classificação, método estatístico/dedução.
Criminologia clínica (bioantropológica): método de análise individual/indução (vertentes: médico-psicológica, psicossocial, inclusão social)

Temática do capítulo 6. Consultar:

Alvino Augusto de Sá. **Criminologia clínica e psicologia criminal**. São Paulo: Revista dos Tribunais, 2007.

Alvino Augusto de Sá e outros. **Criminologia no Brasil – História e aplicações clínicas e sociológicas**. Do viés médico-psicológico ao viés crítico da Criminologia Clínica: mudanças no enfoque interpretativo dos fatores apontados nos exames criminológicos. Rio de Janeiro: Elsevier Editora Ltda., 2011.

Arthur Santileone. **Direito Penal Brasileiro e Psicologia Jurídica**. e-book Amazon, 2021.

Bruno Shimizu. Um panorama crítico sobre o pensamento criminológico clínico no Brasil. *In* Alvino Augusto de Sá e outros. **Criminologia no Brasil – História e aplicações clínicas e sociológicas**. Rio de Janeiro: Elsevier Editora Ltda., 2011.

Nestor Sampaio Penteado Filho. **Manual esquemático de criminologia**. 2. ed. São Paulo: Saraiva, 2012.

Newton Fernandes e Valter Fernandes. **Criminologia integrada**. 3ª ed. rev. atual, ampl. São Paulo: Editora Revista dos Tribunais, 2010.

Yuval Noah Harari. **Homo Deus: Uma breve história do amanhã**. São Paulo: Companhia das Letras, 2016.

Sérgio Salomão Shecaria. **Criminologia**. 4ª ed. São Paulo: Editora Revista dos Tribunais, 2012.

Thais Bandeira e Daniela Portugal. **Criminologia**. Salvador: UFBA, 2017.

Capítulo 7 – Conceito e evolução da criminogênese.

Sumário: Conceito e evolução da criminogênese. Ideologia da defesa social. Homogeneização do corpo social (controle, repressão e reencaminhamento).

Do ângulo jurídico-formal entende-se como crime: a) comportamento humano (comissivo ou omissivo); b) descrito em lei; c) contrário ao interesse do estado; e d) realizado de forma livre e consciente por alguém culpável

Já do ponto de vista material pode conceituar-se o ilícito como a violação dum bem juridicamente protegido.

Observando esse fenômeno sociologicamente o entenderemos como uma quebra de regra costumeira — ou estabelecida em lei — causadora de incômodo social respondida com reprimenda.

Antropologicamente o crime implica numa afronta à ideia dominante no grupo social (crença religiosa ou política, como exemplos).

Tal fenômeno criminógeno é visto pela criminologia tradicional burguesa em ângulos fundamentais: delito, criminoso, vítima e pena.

Antes de tudo lembramos que a concepção de ilícito varia conforme a ótica do observador. Desta forma, partindo das premissas dadas anteriormente, e considerando-se a ótica da criminologia crítica podemos entender o crime como: a) fato social multifacetado; b) a ser definido através do seu conteúdo factual e contraditório; e c) historicamente condicionado a determinadas circunstâncias. Dito de outra maneira: é uma realidade normativa estabelecida pelo sistema social objetivando o controle das condutas tidas por deletérias.

Destarte o crime apresenta-se como fenômeno político. Já o desviante é aquele que integra grupo minoritário induzido a agir em desconformidade com a lei. Tem-se aí grupos majoritários instrumentalizando o direito e o estado para criminalizar comportamentos contrários aos seus interesses.

Pois bem. Os estudos acerca do fenômeno criminógeno ganham impulso qualitativo a partir do positivismo e sua vertente antropológica. É nesse momento que ocorre importante mudança quanto ao objeto de preocupação da ciência criminal. A perspectiva passa a ser a do estudo e pesquisa científico-criminal do fenômeno do crime e notadamente do indivíduo criminoso. Ultrapassa-se a preocupação de apenas formular postulados jurídico-penais como fazia a escola clássica.

O positivismo contribui com nova postura irradiando o método científico para as demais áreas do conhecimento, inclusive da filosofia e da religião. Nesse contexto o positivismo jurídico aclimata o direito aos métodos das ciências naturais passando a dar especial atenção ao que é concreto, observável, passível de mensuração e descrição. Nasce daí a busca de relações e regras constantes que tivessem a capacidade de esclarecer o fenômeno da criminalidade. Ela passa a ser estudada com sustentação em dados empíricos ofertados pela demonstração experimental de leis naturais supostamente seguras e imutáveis. E o criminoso passa a ser objeto de estudo para a descoberta científica das causas que o levam a delinquir.

A procura de causas explicativas para o agir criminoso — em oposição às condutas conforme a lei — resultou na negação do livre arbítrio. Isto em razão dele não servir a uma concepção positivista porquanto enseja descontrole e imprevisibilidade. O pensar positivista não se coaduna com a insegurança. Resulta disto considerar o criminoso como anormal. Assim sendo o pesquisador deveria encontrar-se aparelhado com instrumentos hábeis para selecionar cientificamente anormais em meio à população humana aparentemente homogênea ou normal.

Ideologia da defesa social.

As teorias tradicionais da criminologia estavam voltadas para a etiologia do crime e procuravam explicações genéticas e psicossociais para tanto. É possível se identificar aí duas vertentes. Uma conservadora (escola clássica e escola positivista biológica) e outra liberal (escola positivista sociológica e escola positivista fenomenológica).

Até essa quadra não se questionavam as instituições políticas e nem as jurídicas; menos ainda a estrutura social de classes.

Somente a partir do século XX é que o foco da ciência criminológica passa a ser dirigido para dois outros eixos: a) análise conservadora das condutas ilícitas agregadas às técnicas de repressão e correção de desvios (pilares da lei e da ordem montadas sobre a hierarquia e a dominação, significando a defesa do *status quo*); e b) visão liberal estribada nas pesquisas sociológicas pregando reformas e mudanças institucionais (descriminalização e transformação das penitenciárias) e sociais (políticas públicas assistenciais) como remédio para a diminuição do comportamento antissocial (claro meio de defesa social).

Importante anotar que tais ideias serão contestadas posteriormente pelas teorias do conflito as quais veremos mais adiante em outro item. Estas últimas pregam que a ordem estabelecida traduz o conflito de interesses de grupos antagônicos onde prevalece a vontade do dominador. Abandona-se a ideia de contemplar a realidade abstrata do ilícito como sendo fato concreto. O delito passa a ser encarado como realidade apenas normativa moldada pelo sistema social gerador da edição, vigência e aplicação das leis criminais.

Homogeneização do corpo social (controle, repressão e reencaminhamento).

Uma das formas desenvolvida pelo estado para tentar tornar igual os elementos do corpo social é estabelecer um rol de condutas vedadas. Ele o faz através da edição de leis criminais. Com elas estabelece um rígido controle do indivíduo. Isto é realizado pelos aparelhos próprios para contenção (polícia), repressão (judiciário) e reencaminhamento (sistema penitenciário). Diversas instituições vêm em socorro dessa regulação: ministério público, advocacia e organizações não governamentais.

Os instrumentais jurídico-filosóficos do estado, orbitando em torno das escolas de defesa social, justificam o direito de punir através de teorias variadas, a exemplo das retributivas, das relativas e das sincréticas.

Tendo em mente o direito brasileiro (em razão do que dispõe o artigo 1º da lei nº 7.210/1984) a pena representa medida de caráter preventivo, reparador e socioeducativo visando a perfeita reintegração do infrator ao convívio da sociedade. No dizer de Aníbal Bruno tal medida teria como fim "a defesa social pela proteção de bens jurídicos considerados essenciais à manutenção da convivência. É este o fim mesmo do Direito Penal, e o instrumento de que ele se vale para atingi-lo é a pena"[32].

Conforme já adiantamos o fenômeno da pena é explicado e justificado diferentemente pelos estudiosos em função da ideologia da qual se encontram imbuídos e de como percebem o delito. Observa-se isso na explicação de Antonio Garcia-Pablos de Molina. Segundo ele para a criminologia clássica (onde o ilícito é tido como enfrentamento formal, simbólico e direto entre o estado e o infrator) o castigo praticamente esgota a resposta ao fato delitivo e serve como meio de dissuasão. Para a criminologia moderna ressocializar o delinquente, reparar o dano e prevenir o crime são objetivos de primeira magnitude. Ao cabo de sua explanação o referido autor indica as bases para uma eficaz política criminal de prevenção: a) controle razoável, em vista da utopia e ilegitimidade do extermínio total da criminalidade que entram em conflito com a "normalidade" do fenômeno delitivo e do seu protagonista; b) escolha adequada e menos onerosa dos meios ou instrumentos e dos custos sociais da prevenção; c) intervenção na etiologia do problema criminal, neutralizando suas causas; d) utilização de programas sociais e comunitários de prevenção a médio ou logo prazos; e) prestações positivas; isto é: contribuições e esforços solidários que neutralizem situações carenciais, conflitos, desequilíbrios e necessidades básicas; f) estratégia coordenada e pluridirecional pressupondo que o infrator não é o único protagonista do fato delitivo; g) esforço de autocrítica revisando valores proclamados e praticados, partindo do pressuposto de que cada sociedade tem o crime que (muitas vezes) ela mesma produz.[33]

Expondo as principais teorias que procuram fundamentar a pena (retribuição, prevenção e união dialética) Jason Albergaria resume sobre o tema as reflexões de Roxin, um dos representantes da teoria da união dialética da pena, pela seguinte forma:

---

32 Anibal Bruno. Direito Penal. Tomo 3º, 4ª ed., São Paulo: Forense, 1978, p. 45.
33 Antonio Garcia-Pablos de Molina. Criminologia, Uma Introdução a seus Fundamentos Teóricos. São Paulo: RT, 1992, pp. 250-277.

"a) A pena serve à reinserção social do delinqüente (ressocialização) e à proteção da comunidade (prevenção geral). b) A pena não pode exceder em sua gravidade o grau de culpabilidade do delinqüente (função limitadora do princípio de culpabilidade). c) A pena pode ser inferior à que corresponde ao grau de culpabilidade. Basta aproximar-se do dito grau no que seja preciso para conseguir a reinserção social do delinqüente e a proteção da comunidade. d) Dentro do possível, a pena não deve impor-se em virtude da proteção da comunidade, numa extensão maior da que exija a reinserção do delinqüente".[34]

A teor da lei ordinária em nosso direito a pena encontra-se regida pelo art. 1º do código penal onde se pressupõe claramente os princípios da reserva legal (legalidade) e da anterioridade.

No que pertine à constituição federal a temática encontra-se regulada no artigo 5º e firmada nos seguintes princípios: a) legalidade, anterioridade e irretroatividade, significando dizer que a pena para ter aplicação deverá ser prevista em lei com vigência à data do fato e não podendo recuar sua aplicação, exceto para o benefício do réu (incisos II, XXXIX e XL); b) humanidade, fundado na dignidade própria do ser humano, vedando-se as penas de morte (ressalvado o caso de traição, durante o período de guerra declarada), de prisão perpétua, de trabalhos forçados e de banimento, bem como as que sejam consideradas cruéis (itens III, XLVII, XLIX e L); c) pessoalidade e individualização — a pena deve ser necessariamente particularizada em cada caso específico e somente aplicável ao infrator, não podendo ela ultrapassar a pessoa deste — (números XLV e XLVI); d) proporcionalidade, devendo a apenação ser proporcional ao agravo cometido pelo infrator na justa medida da necessidade e suficiência (LIV); e) especialização (inciso XLVIII); e f) competência judiciária (XXXVII, LIII, LIV e LV), somente o poder judiciário pode impor pena e após sentença condenatória com trânsito em julgado, resultante de processo regular onde se observaram os princípios do contraditório e da ampla defesa.

---

34 Jason Albergaria. Das Penas e da Execução Penal. Belo Horizonte: Del Rey, 1992, p. 27.

Leitura complementar do capítulo 7.

Ideologia da defesa social (Alessandro Baratta).

Alessandro Baratta, **Criminologia crítica e crítica do direito penal**. 6ª edição, Rio de Janeiro: Revan, 2011.
(págs. 41 a 44).

II. A IDEOLOGIA DA DEFESA SOCIAL

1. A IDEOLOGIA DA DEFESA SOCIAL COMO IDEOLOGIA COMUM À ESCOLA CLÁSSICA E À ESCOLA POSITIVA. OS PRINCÍPIOS CARDEAIS DA IDEOLOGIA DA DEFESA SOCIAL.

Uma das questões relativas ao significado histórico e teórico do pensamento expresso pela escola liberal clássica foi colocada em recente debate historiográfico sobre a posição que tal escola ocupa no contexto do pensamento criminológico. Trata-se de saber se, na história desse pensamento, a escola liberal clássica representa somente a época dos pioneiros ou, melhor, constitui seu primeiro capítulo, não menos essencial do que os subseqüentes. David Matza e, após seu exemplo, Fritz Sack quiseram reavaliar, como se indicou no capítulo precedente, a importância da Escola clássica não só para o desenvolvimento histórico da criminologia, mas também para a fase atual de revisão crítica de seus fundamentos. Seja qual for a tese aceita, um fato é certo: tanto a Escola clássica quanto as escolas positivistas realizam um modelo de ciência penal integrada, ou seja, um modelo no qual ciência jurídica e concepção geral do homem e da sociedade estão estreitamente ligadas. Ainda que suas respectivas concepções do homem e da sociedade sejam profundamente diferentes, em ambos os casos nos encontramos, salvo exceções, em presença da afirmação de uma ideologia da defesa social, como nó teórico e político fundamental do sistema científico.

A ideologia da defesa social (ou do "fim") nasceu contemporaneamente à revolução burguesa, e, enquanto a ciência e a codificação penal se impunham como elemento essencial do sistema jurídico burguês, aquela assumia o predomínio ideológico dentro do específico setor penal. As escolas positivistas herdaram-na da Escola clássica, transformando-a em algumas de suas premissas, em conformidade às exigências políticas que assinalam, no interior da evolução da sociedade burguesa, a passagem do estado liberal clássico ao estado social. O conteúdo dessa ideologia, assim como passou a fazer parte — embora filtrado através do debate entre as duas escolas — da filosofia dominante na ciência jurídica e das opiniões comuns, não só dos representantes do aparato penal penitenciário, mas também do homem de rua (ou seja, das *every day theories),* é sumariamente reconstruível na seguinte série de princípios.

a) *Princípio de legitimidade.* O Estado, como expressão da sociedade, está legitimado para reprimir a criminalidade, da qual são responsáveis determinados indivíduos, por meio de instâncias oficiais de controle social (legislação, polícia, magistratura, instituições penitenciárias). Estas interpretam a legítima reação da sociedade, ou da grande maioria dela, dirigida à reprovação e condenação do comportamento desviante individual e à reafirmação dos valores e das normas sociais.

b) *Princípio do bem e do mal.* O delito é um dano para a sociedade. O delinqüente é um elemento negativo e disfuncional do sistema social. O desvio criminal é, pois, o mal; a sociedade constituída, o bem.

c) *Princípio de culpabilidade.* O delito é expressão de uma atitude interior reprovável, porque contrária aos valores e às normas, presentes na sociedade mesmo antes de serem sancionadas pelo legislador.

d) *Princípio da finalidade ou da prevenção.* A pena não tem, ou não tem somente, a função de retribuir, mas a de prevenir o crime. Como sanção abstratamente prevista pela lei, tem a função de criar uma justa e adequada contramotivação ao comportamento criminoso. Como sanção concreta, exerce a função de ressocializar o delinqüente.

e) *Princípio de igualdade.* A criminalidade é violação da lei penal e, como tal, é o comportamento de uma minoria desviante. A lei penal é igual para todos. A reação penal se aplica de modo igual aos autores de delitos.

f) *Princípio do interesse social* e *do delito natural.* O núcleo central dos delitos definidos nos códigos penais das nações civilizadas representa ofensa de interesses fundamentais, de condições essenciais à existência de toda sociedade. Os interesses protegidos pelo direito penal são interesses comuns a todos os cidadãos. Apenas uma pequena parte dos delitos representa violação de determinados arranjos políticos e econômicos, e é punida em função da consolidação destes (delitos artificiais).

As diferenças entre as escolas positivistas e a teoria sobre criminalidade da escola liberal clássica não residem, por isso, tanto no conteúdo da ideologia da defesa social e dos valores fundamentais considerados dignos de tutela, quanto na atitude metodológica geral com relação à explicação da criminalidade. Matza colocou em evidência esta diferença de modo particularmente claro: seguindo o modelo da Escola positiva e da criminologia positivista ainda hoje amplamente difundida, a tarefa da criminologia é reduzida à explicação causal do comportamento criminoso, baseada na dupla hipótese do caráter complementar determinado do comportamento criminoso, e da diferença fundamental entre indivíduos criminosos e não criminosos. A tal modelo vem contraposto o da Escola clássica, que tem por objeto, mais que o criminoso, o próprio crime, ligando-se à idéia do livre arbítrio, do mérito e do demérito individual e da igualdade substancial entre criminosos e não-criminosos. Estas diferenças não incidem em mais do que um dos princípios acima individualizados: o relativo à atitude interior do delinqüente (culpabilidade). Este adquire um significado moral-normativo (desvalor, condenação moral) ou simplesmente sócio-psicológico (revelador de periculosidade social), conforme se parta da premissa da Escola clássica ou da Escola positiva. Mas se, por um lado, só o primeiro significado será idôneo para sustentar a ideologia de um sistema penal baseado na retribuição (ideologia que, de resto, como se viu, não é, absolutamente a mais difundida no seio da orientação liberal clássica), por outro, ambas as impostações, se bem que de maneira diferente, são aptas a sustentar a ideologia de um sistema penal baseado na defesa social.

O conceito de defesa social parece ser, assim, na ciência penal, a condensação dos maiores progressos realizados pelo direito penal moderno. Mais que um elemento técnico do sistema legislativo ou do dogmático, este conceito tem uma função justificante e racionalizante com relação àqueles. Na consciência dos estudiosos e dos operadores jurídicos que se consideram *progressistas,* isso tem um conteúdo emocional polêmico e, ao mesmo tempo, reassegurador. De fato, por ser muito raramente objeto de análise, ou mesmo em virtude desta sua aceitação acrítica, o seu uso é acompanhado de uma irrefletida sensação de militar ao lado do justo, contra mitos e concepções mistificantes e superados a favor de uma ciência e de uma práxis penal racional.

Aliás, como se disse, o conceito de defesa social é o ponto de chegada de uma longa evolução do pensamento penal e penitenciário e como tal representa realmente um progresso no interior deste. E todavia, do ponto de vista da crítica da Ideologia e da capacidade de analisar realisticamente, e portanto também de projetar realisticamente as instituições penais e penitenciárias, a ciência do direito penal apresenta um notável atraso com relação à interpretação que desta mesma matéria se faz hoje no âmbito das ciências sociais (sociologia criminal, sociologia jurídico-penal). O objetivo deste ensaio é, por isso, mostrar o quanto algumas perspectivas contemporâneas das teorias sociológicas da criminalidade estão criticamente mais avançadas em confronto com a ciência penal, e em particular, importantes pontos de vista para uma superação do conceito de defesa social. Naturalmente, as "teorias sociológicas" contemporâneas apresentam uma vasta gama de posições que se podem diferenciar entre si, sobretudo pela visão global da realidade social em que se inscrevem, e portanto não podem ser utilizadas na sua totalidade, sem exceções, como se se tratasse de um *corpus* homogêneo de dados adquiridos e de teses compatíveis e integráveis entre si.

Memória do capítulo 7.

Conceito e evolução da criminogênese.

Etiologia do crime.
Teorias tradicionais.
explicações genéticas;
explicações psicossociais.
Vertentes.
Conservadora: clássica, positivista biológica.
Liberal: positivista sociológica, positivista fenomenológica.
Século XX.
Análise conservadora: técnicas de repressão, correção de desvios.
Visão liberal:
pesquisas sociológicas, reformas institucionais (descriminalização, transformação das penitenciárias);
mudanças sociais (políticas públicas assistenciais, meio de defesa social).
Ideologia de defesa social e homogeneização social.
Leis criminais: contenção, repressão, reencaminhamento, sistema penitenciário, instituições (ministério público, advocacia, organizações não governamentais).

Pena: criminologia clássica (enfrentamento [formal, simbólico]).
Criminologia moderna: ressocialização, reparação do dano, prevenção.
Criminologia crítica: controle razoável, adequada prevenção, neutralização das causas, programas sociais, prestações positivas, estratégia pluridirecional, esforço de autocrítica.
Pena (Brasil).
Princípios:
Código penal: reserva legal, anterioridade, irretroatividade.
Constituição federal: legalidade, anterioridade, irretroatividade, humanidade, pessoalidade, individualização, proporcionalidade, especialização, competência judiciária.

Temática do capítulo 7. Consultar:

Alessandro Baratta. **Criminologia Crítica e Crítica do Direito Penal: introdução à sociologia do direito penal**. 3ª ed., Rio de janeiro: Editora Revan, Instituto Carioca de Criminologia, 2002.

Anibal Bruno. **Direito Penal**. Tomo 3, 4ª ed., São Paulo: Forense, 1978.

Antonio Garcia-Pablos de Molina. **Criminologia, Uma Introdução a seus Fundamentos Teóricos**. São Paulo: RT, 1992.

Jason Albergaria. **Das Penas e da Execução Penal**. Belo Horizonte: Del Rey, 1992.

Newton Fernandes e Valter Fernandes. **Criminologia integrada**. 3ª ed. rev. atual, ampl. São Paulo: Editora Revista dos Tribunais, 2010.

Nilo Batista. **Introdução crítica ao direito penal brasileiro**. 11ª ed. Rio de Janeiro: Revan, 2007.

Sérgio Salomão Shecaria. **Criminologia**. 4ª ed. São Paulo: Editora Revista dos Tribunais, 2012.

Thais Bandeira e Daniela Portugal. **Criminologia**. Salvador: UFBA, 2017.

Capítulo 8 – Conduta desejada e desvio.

Sumário: Conduta desejada e desvio. Micro e macrocriminalidade. Vitimologia. A vítima na legislação brasileira.

Conduta desejada e desvio.

Atualmente a sociologia tem utilizado o conceito de conduta desviada como parâmetro para mensurar a expectativa da sociedade em relação às condutas deletérias.

A noção de conduta desviada é ampla e abrange todas as regras comportamentais comumente observadas. Desta maneira ocorre um desvio de conduta quando se observa um desencontro entre o fato concreto indesejado e o padrão de comportamento esperado pelo corpo social.

Nem sempre a conduta desinteressante é sancionada pela lei. Logo desvio e crime não são sinônimos, apesar da possibilidade de sobreposição. Repisando: a ideia de desvio é mais abrangente que o conceito de crime porquanto este é aplicável somente para conduta contrária à lei. Esta procura construir a figura do sujeito criminoso equipado com a sua periculosidade, coisa muito bem estudada por Foucault na obra *Vigiar e punir*.

Fenômenos como nudismo (naturismo); festa com música eletrônica em espaço aberto (*rave*); e viagem no tempo (*new age*); em que pesem apresentarem-se como condutas não corriqueiras interessam apenas à sociologia.

Já transgressões, mesmo menores (furto de objeto de pequeno valor, apropriação de coisa do ambiente de trabalho, fraudes escolares, ultrapassagem de velocidade estabelecida em determinada via com veículo automotor, uso de droga não permitida), tipificadas legalmente interessam à criminologia.

As condutas desviadas sofrem um controle exercido pela sociedade de duas maneiras: a) informal (poder difuso), através da família, da escola, de religiões, de grupo profissional, dos clubes, da opinião pública, etc); e b) formal, por meio do aparelho coercitivo estatal centralizado: polícia, ministério público, judiciário e sistema penitenciário.

Acerca desse tema Nestor Sampaio — em sua obra Manual esquemático de criminologia — explana com minúcia todos os detalhes (vide leitura complementar deste capítulo).

Micro e macrocriminalidade.

Dentre as condutas ilícitas é possível fazer-se uma distinção: micro e macrocriminalidade.

A microcriminalidade externa-se demonstrando gravidade e lesividade mais perceptível ao homem comum. Ela reúne facetas e características facilmente inteligíveis por todos. Regra geral atinge apenas um só indivíduo ou pessoas ligadas à vítima (grupo familiar ou profissional, como exemplos). São delitos bastante recorrentes lesionando na maioria das vezes o patrimônio, a incolumidade física ou até mesmo a vida. Os infratores quase sempre são cidadãos bastante comuns.

Como dizem Newton Fernandes e Valter Fernandes a

"A microcriminalidade é aquela resultante do clima de adversidade e mesmo violência que impregna a desvairada sociedade de consumo, suscitando injustiças sociais e desigualdades econômicas, além do taciturno horizonte de niilismo em que a vida perde seu significado maior e pouco ou nada representa."[35]

Por outro lado a macrocriminalidade (crime organizado) oferece maior ofensividade para o todo social.

Torna-se importante frisar que sob os auspícios da organização das nações unidas, entre os anos de 2000 e 2003, ocorreram dois acordos internacionais firmados pelo Brasil: a) convenção de Palermo, na Itália (dezembro de 2000), contra o crime organizado transnacional; e b) convenção de Mérida, no México (dezembro de 2003), em desfavor da

---

[35] Newton Fernandes e Valter Fernandes. Criminologia integrada. 3ª ed. rev. atual, ampl. São Paulo: Editora Revista dos Tribunais, 2010, pág. 439.

corrupção. Agora ambas integram o nosso ordenamento jurídico. As duas convenções miram o crime organizado transnacional e a corrupção administrativa e contemplando inclusive narcotráfico, contrabando de armas, lavagem de dinheiro, evasão fiscal, sequestros, violação de direitos humanos e crimes ambientais.

Entre nós se entende por crime organizado aquilo que foi estabelecido na convenção de Palermo:

> "grupo estruturado de três ou mais pessoas, existente há algum tempo e atuando com o propósito de cometer uma ou mais infrações graves ou enunciadas na presente Convenção, com a intenção de obter, direta ou indiretamente, um benefício econômico ou outro benefício material".

É possível fazer uma distinção entre dois tipos de criminalidade organizada: a) tradicional seguindo o modelo mafioso (*cosa nostra*, *camorra* e *stida*, na Itália; *yakuza*, no Japão; tríade, na China; e cartel de Cali, na Colômbia), caracterizada pelo uso da violência e da intimidação, com estrutura hierarquizada, distribuição de tarefas e planejamento de lucros, imposição da lei do silêncio e envolvendo inclusive agentes do estado; e b) empresarial (crimes do colarinho branco) com estrutura semelhante às instituições privadas objetivando o lucro econômico de seus sócios, agindo na surdina e geralmente não usando da intimidação ou violência, e composta por empresários, comerciantes e políticos, dentre outros.

Sobre tal tipo de crime assim se expressam Newton Fernandes e Valter Fernandes:

> "Na definição de Edwin Sutherland, o crime de colarinho branco, ou *white collar crime,* vem a ser 'a violação da lei penal por pessoas de elevado padrão socioeconômico, no exercício abusivo de uma profissão lícita'. É a delinquência econômica, na expressão de Manzanera Rodrigues. É o crime daqueles indivíduos de alto ou significativo *status* socioeconômico, que tranquilamente ignoram as leis para aumentar os lucros de suas atividades ocupacionais, principalmente aquelas relativas ao gerenciamento de negócios e empresas."[36]

---

[36] Idem, pág. 440.

Vitimologia.

O estudo da vítima manteve-se sem relevância dentro da criminologia durante o seu alvorecer.

Somente a partir de meados do século XX é que os pensadores voltaram os olhos para a pessoa que sofre as consequências da ação ilícita. Surge daí, com *status* mesmo de ciência, a vitimologia passando a ocupar-se da vítima e da vitimização.

O objetivo dessa nova ciência é estudar a atuação do indivíduo envolvido no fato criminoso sofrendo o resultado dos próprios atos (suicida), da ação de terceiros (homicídio, furto, etc.) ou do infortúnio (acidente).

Em importante trabalho Rosana Ribeiro Felisberto chama atenção para o fato de que a vítima tem desempenhado um papel secundário no direito brasileiro. E que

> "A vítima é essencial à ocorrência do crime e da história, porém é muitas vezes anulada no Direito Penal, no processo e na Literatura, aparecendo raras vezes, sempre na tentativa de interferir-se diretamente na punição do criminoso em razão das características pessoais da vítima.
> Em outras palavras, a vítima desempenha um papel de coadjuvante no Direito Penal e na Literatura, muitas vezes não estando sequer presente em cena, mas seu papel é fundamental para os acontecimentos e para a existência da própria história ou delito."[37]

Os criminalistas Hans Gross, Hans Von Hentig e Benjamim Mendelsohn são apontados como pioneiros de estudos do comportamento das vítimas nos delitos. Esse ramo afirma-se a partir do 1º simpósio internacional de vitimologia (1973) realizado em Israel.

Nesse encontro tratou-se de estudos comportamentais buscando traçar perfis de vítimas potenciais, com a interação do direito criminal, da psicologia e da psiquiatria. Destaca-se nesse evento o trabalho do criminólogo chileno Israel Drapkin.

O ordenamento jurídico brasileiro não fica alheio à temática. Dispositivos constitucionais e infraconstitucionais referem-se à vítima:

---

[37] Rosana Ribeiro Felisberto. A vítima como coadjuvante. Anais do V congresso brasileiro de história do direito: Curitiba, 2013, pag. 716.

artigos 59; 61, II, c, *in fine*; 65, III, c, todos do código penal; e artigo 245 da constituição federal de 1988.

Conforme ressaltam alguns autores observa-se aí uma falha linguística porquanto as expressões vítima, ofendido e lesado são utilizadas como sinônimas. A rigor cada uma delas tem valores próprios: vítima dever ser usado para delitos contra a pessoa; ofendido indica quem sofreu crime contra a honra; e lesado designa o que foi alcançado por ilícito em desfavor do patrimônio.

Na declaração dos princípios fundamentais de justiça relativos às vítimas da criminalidade e de abuso de poder (organização das nações unidas, 1985) define-se vítimas como

> "pessoas que, individual ou coletivamente, tenham sofrido um prejuízo, nomeadamente um atentado à sua integridade física ou mental, um sofrimento de ordem moral, uma perda material, ou um grave atentado aos seus direitos fundamentais, como consequência de atos ou de omissões violadores das leis penais em vigor num Estado membro, incluindo as que proíbem o abuso de poder".

Alguns autores procuram encaixar as vítimas em três grupos: a) vitimização primária produzida pela conduta violadora dos direitos da vítima e dos danos ocasionados (materiais, físicos, psicológicos); b) vitimização secundária produzida pelas instâncias formais de controle social durante as fases inquisitorial e instrutória; e c) vitimização terciária resultante da carência de amparo dos órgãos públicos às vítimas bem como da própria sociedade. É o caso de Nestor Sampaio em sua obra Manual esquemático de criminologia.

A vítima na legislação brasileira.

Conforme adiantamos linhas atrás a nossa legislação cuida da matéria na carta política e no código repressivo. Vejamos:

Constituição federal de 1988:
(...)
"Art. 245. A lei disporá sobre as hipóteses e condições em que o Poder Público dará assistência aos herdeiros e dependentes carentes de pessoas vitimadas por crime doloso, sem prejuízo da responsabilidade civil do autor do ilícito."

Código penal:

(...)

"Fixação da pena

Art. 59. O juiz, atendendo à culpabilidade, aos antecedentes, à conduta social, à personalidade do agente, aos motivos, às circunstâncias e consequências do crime, bem como ao comportamento da vítima, estabelecerá, conforme seja necessário e suficiente para reprovação e prevenção do crime:

I – as penas aplicáveis dentre as cominadas;

II – a quantidade de pena aplicável, dentro dos limites previstos;

III – o regime inicial de cumprimento da pena privativa de liberdade;

IV – a substituição da pena privativa da liberdade aplicada, por outra espécie de pena, se cabível.

(...)

Circunstâncias agravantes

Art. 61. São circunstâncias que sempre agravam a pena, quando não constituem ou qualificam o crime:

(...)

II – ter o agente cometido o crime:

(...)

c) à traição, de emboscada, ou mediante dissimulação, ou outro recurso que dificultou ou tornou impossível a defesa do ofendido;

(...)

Circunstâncias atenuantes

Art. 65. São circunstâncias que sempre atenuam a pena:

(...)

III – ter o agente:

(...)

c) cometido o crime sob coação a que podia resistir, ou em cumprimento de ordem de autoridade superior, ou sob a influência de violenta emoção, provocada por ato injusto da vítima;

Leitura complementar do capítulo 8.

Órgãos informais de controle (Nestor Sampaio Penteado Filho).

Nestor Sampaio Penteado Filho. **Manual esquemático de criminologia**. 2. ed. São Paulo: Saraiva, 2012.

(Págs. 62 a 64)

15.1 Órgãos informais de controle

Os órgãos da sociedade civil que operam o controle informal atuam na educação do indivíduo, inserindo-o no contexto social, vale dizer, trata-se do processo de socialização que se prolonga durante toda a existência do indivíduo.

Nesse contexto, destaca-se o **comunitarismo** (vida e sentimento de comunidade): nos pequenos lugares existe maior proximidade entre os habitantes, gerando um recíproco e mútuo estado de respeito, dependência e controle.

Na medida em que esse controle informal acaba por contribuir para que o indivíduo absorva os valores e normas da comunidade, resta claro que ele é muito mais importante e funcional que a ameaça de sanção do controle formal do Estado.

Dentre os elementos que primeiro aparecem no controle informal, ganha relevo *o* papel da **família.** Aliás, a família, como célula nuclear da sociedade, é diretamente responsável pela moldura do caráter e comportamento de seus integrantes, caracterizando-se a necessária autoridade dos pais em decorrência do binômio exemplaridade - amor.

Também digno de nota é o controle informal feito pela **escola**. Embora intimamente ligada ao Estado, não é a presença deste que formaliza ou informaliza o controle, mas sim seu vínculo mais estreito ou não com a sociedade civil.

A **escola** sempre teve íntima ligação com a sociedade civil na consecução da tarefa de educar mediante a persuasão. Hoje, com o péssimo tratamento dado pelo Estado às escolas públicas, sobretudo com a desvalorização salarial e profissional dos educadores, esse tipo de controle informal é quase nulo ou mínimo.

O **ciclo profissional** (trabalho) é de suma importância na instância informal de controle, porque, no modelo capitalista, a autoridade e o poder se apoiam naqueles que detêm os meios de produção, de sorte que a permanência no emprego vai depender, dentre outros requisitos, da disciplina laboral do empregado e de suas múltiplas irradiações: no trato com os superiores, nas relações com os colegas, no atendimento aos clientes etc.

O culto à divindade ou a um ser superior sempre acompanhou o homem e lhe servia de mecanismo de contenção de comportamentos antissociais. Daí a importância da religião e das **igrejas** no processo informal de controle social.

Além desses mecanismos, podem ser citados outros, como a **vizinhança** (solidariedade social) e os **meios de comunicação em massa** (indução de comportamento pela mídia), instrumentos que contribuem para a padronização de comportamentos.

Nesse sentido, a lição do festejado Shecaira (2008), para quem, *"em épocas como a atual, em que se assiste ao aprofundamento das complexidades sociais, e em que são enfraquecidos os laços comunitários, cada vez mais os mecanismos informais de controle social tornam-se enfraquecidos ou até mesmo inoperantes"*.

15.2 Instância formal de controle

Quando os meios informais de controle da sociedade falham, entra em cena o **controle formal**, representado pela ameaça de punição (sanção), impondo-se coercitivamente.

O controle social formal é **seletivo e discriminatório**, pois o *status* prima sobre o merecimento, mas também é **estigmatizante**, porque acaba por desenvolver carreiras criminais e desvios secundários.

O controle social jurídico-penal fixa por escrito e publicamente, com todas as minúcias possíveis *(lex certa et scripta)* e antes do fato (anterioridade), qual comportamento se entende por desviado, qual a penalidade cabível, qual a forma de sua imposição *(due process of law)* e por meio de quais autoridades (Polícia e Judiciário).

Assiste razão, portanto, a Hassemer quando anuncia que *"O controle social jurídico-penal restabelece a ordem jurídica perturbada, indeniza as vítimas, ainda que não exclua definitivamente o autor do delito do grupo social, impõe uma pena que, ao mesmo tempo em que um castigo, expressa uma desaprovação do fato que tenha realizado".*

Não se deve esperar demais do controle formal penal, pois este somente deve entrar em cena em última instância *(ultima ratio),* até porque o direito penal não pode perder seu papel fragmentário e subsidiário *(executor de reserva).* Isso quer dizer que nem todas as condutas podem ser tidas como incriminadas, mas apenas aquelas que ofendem com certa gravidade os bens jurídicos mais relevantes; o direito penal somente deve atuar quando os demais ramos do direito e instrumentos do controle social se mostrarem impotentes para a manutenção da paz social.

15.2.1 Primeira seleção

Fala-se em primeira seleção do controle social formal em face da atuação de seus órgãos de repressão jurídica, isto é, da atuação da polícia judiciária.

Pode-se afirmar que, quando ocorre um crime, surge para o Estado o poder-dever de exercitar o *ius puniendi* em desfavor do criminoso.

A premissa da monopolização da jurisdição e a finalidade de realização do bem comum, com a indispensável necessidade da garantia da ordem pública, exigem tal comportamento estatal, pois o direito existe exatamente para manter a harmonia social.

Só que o *ius puniendi* não pode ser exercitado de forma atrabiliária. Ele é exercido por meio de um caminho, de um *iter,* que é a persecução penal *(persecutio criminis),* onde, por força constitucional, deve-se estabelecer a "paridade de armas" entre acusação e defesa. Assim, a persecução criminal põe cara a cara a pretensão punitiva estatal e o direito de liberdade do autor do delito.

O vigente sistema processual penal pátrio (acusatório) tem uma etapa preliminar, destinada à apuração da infração penal e respectiva autoria, a que a doutrina denomina "investigação policial", formalizada no inquérito policial; este é ultimado pela Polícia Civil ou Federal (Judiciária).

Apesar do nome "polícia judiciária", é incontroversa a sua atividade eminentemente administrativa, atividade esta decorrente do poder de polícia do Estado. Evidente está que as atividades policiais encontram-se enfeixadas no Poder Executivo, isto é, na Administração Pública, representada pelo delegado de polícia. Daí se pode concluir que temos, na realidade, administração a serviço do direito penal.

Lembra-nos Frederico Marques (1959): *"O Estado, quando pratica atos de investigação, após a prática de um fato delituoso, está exercendo seu poder de polícia. A investigação não passa do exercício do poder cautelar que o Estado exerce, através da polícia, na luta contra o crime, para preparar a ação penal e impedir que se percam os elementos de convicção sobre o delito cometido".*

No Brasil, a polícia civil (judiciária) prepara a ação penal, não apenas praticando os atos essenciais da investigação, mas também organizando uma *instrução provisória* a que se dá o nome de inquérito policial.

Importante frisar que o inquérito policial, verdadeiro procedimento que é, não pode ser rotulado de "simples peça informativa", como precipitada e preconceituosamente fazem alguns autores, até mesmo diante da impactante atuação sobre o investigado, mormente quando recaem sobre ele os indícios formais de autoria delitiva (indiciamento) estabelece-se aí a primeira seleção de controle social.

Desde o instante em que se registra um boletim de ocorrência na delegacia de polícia, passando pela instauração de inquérito em desfavor de algum suspeito ou de seu indiciamento formal, e até na situação extremada de prisão em flagrante, a polícia age, por vezes discricionariamente, fazendo a primeira etapa de filtragem social, inclusive instruindo na apuração as provas de finitivas necessárias à comprovação subjetiva e material do delito. Na esfera das infrações penais de menor potencial ofensivo (Lei n. 9.099/95), à polícia judiciária incumbe exclusivamente a lavratura dos termos circunstanciados de ocorrência (art. 69), que recebem expressiva conotação de controle formal.

Daí a expressão popular que macula: *"Fulano é ficha suja na Polícia"*, relembrando a teoria da etiquetagem social *(labelling approach)*.

Na esteira do professor Sérgio Pitombo, *"no procedimento de inquérito, encontra-se, portanto, conjunto de atos de instrução; transitório uns de relativo efeito probatório e definitivos outros, de efeito judiciário absoluto" (Inquérito policial – novas tendências,* Cejup, 1986, p. 22).

15.2.2 Segunda seleção

Na segunda seleção insere-se a atuação do Ministério Público, não apenas com a propositura da ação penal e consequente instauração da instância judicial, mas também por meio de outros instrumentais de sua alçada, como o inquérito civil, a ação civil pública e o termo de ajustamento de conduta.

É claro que a denúncia criminal, como proposta de estabelecimento de pena ao autor de um fato delituoso, imprime o caráter estigmatizante com maior intensidade.

15.2.3 Terceira seleção

A denominada terceira seleção decorre do processo judicial, culminando com a sentença condenatória transitada em julgado. Mas não apenas. As hipóteses de prisão cautelar simbolizam a restrição da liberdade, quer no aspecto repressivo ou ainda no preventivo.

Aqui o Estado se impõe de maneira absoluta sobre o indivíduo, excluindo-o do contexto mediante a sanção mais gravosa que existe: a pena privativa de liberdade.

Sabe-se, igualmente, que as penitenciárias brasileiras são depósitos de lixo humano, ofendem a consciência jurídica e ética do País e transformam o homem naquilo de pior que lhe poderiam rotular: **ex-homem,** porque a própria arquitetura do cárcere muitas vezes é responsável por sua despersonalização, convertendo-o em autômato, desmontando sua dignidade.

Memória do capítulo 8.

Conduta desviada:
desencontro entre fato concreto indesejado e padrão de comportamento esperado.
Ideia de desvio é abrangente. Possibilidade de sobreposição com crime.
Ilícito é aplicável somente para conduta contrária à lei.

Micro e macrocriminalidade.
Microcriminalidade atinge um só indivíduo (regra geral) ou pessoas ligadas à vítima.
Macrocriminalidade exige organização estruturada visando benefício econômico ou material com maior ofensividade para o todo social.

Vitimologia.
Estudo do indivíduo envolvido no fato criminoso sofrendo o resultado dos próprios atos (suicida), da ação de terceiros (homicídio, furto, etc.) ou do infortúnio (acidente).
Essencialidade da vítima no crime e na história.

Vítima no ordenamento jurídico brasileiro.
Constituição federal: artigo 245.
Código penal: artigos 59; 61, II, c, *in fine*; 65, III.

Temática do capítulo 8. Consultar:

Nestor Sampaio Penteado Filho. **Manual esquemático de criminologia**. 2. ed. São Paulo: Saraiva, 2012.

Newton Fernandes e Valter Fernandes. **Criminologia integrada**. 3ª ed. rev. atual, ampl. São Paulo: Editora Revista dos Tribunais, 2010.

Rosana Ribeiro Felisberto. **A vítima como coadjuvante.** Anais do V congresso brasileiro de história do direito. Curitiba: 2013.

Sérgio Salomão Shecaria. **Criminologia**. 4ª ed. São Paulo: Editora Revista dos Tribunais, 2012.

Thais Bandeira e Daniela Portugal. **Criminologia**. Salvador: UFBA, 2017.

Capítulo 9 – Teorias da delinquência.

Sumário: Teorias da delinquência. Arquétipos biológicos e correlatos do fenômeno delituoso. Modelos psicológicos e teorias instintuais da agressividade. Concepção multifatorial da delinquência.

Ao longo da história da criminologia observa-se constante preocupação com a origem, externação, controle e erradicação da delinquência.

Reflexões e pesquisas várias foram desenvolvidas sobre aquilo que hoje designamos de comportamentos desviados (ou desviantes) refletindo as perspectivas teóricas de cada pensador. A indagação é a mesma: o que move o indivíduo para o cometimento de crime. As respostas têm variado conforme o momento histórico e os conhecimentos teóricos e empíricos disponíveis.

Muitas são as hipóteses desenvolvidas em torno do problema, desde as cósmicas até às puramente sociológicas, passando por questões que resvalam na ética, na moral, na psicologia e na psiquiatria concomitantemente. Consenso sobre essa problemática parece muito distante. Repassemos algumas ideias sobre o tema.

Arquétipos biológicos e correlatos do fenômeno delituoso.

Nos primórdios os pensadores elegeram determinados fatores tidos como únicos e determinantes do agir delituoso.

Inicialmente tentou-se explicar os comportamentos ilícitos a partir elementos externos aos homens e atribuindo-os ao sobrenatural. Posteriormente se passou a justificar as condutas delinquentes através de fatores residentes no próprio homem, qualidades intrínsecas de alguns indivíduos, a exemplo da maldade, da imoralidade, do egoísmo ou da desonestidade. Num terceiro movimento, já calcado em paradigmas científicos, os comportamentos criminosos passaram a ser explicados através características biológicas, psicológicas ou sociais e passíveis de observação e medida.

Até então uma ideia manteve-se firme: aquele que comete ilícito é diferente dos demais.

Tais diferenças apontadas *ut retro* passaram determinar a busca de elucidação inclusive para permitir a eventual previsão e prevenção de comportamentos delinquentes.

O foco científico a partir do século XIX repousou primeiramente em explicações de natureza biológica. Procurou-se demonstrar o crime como regressão ao estado selvagem produzida por degenerações. Assim pensam cientistas como Franz Joseph Gall (cranioscopia), Cesare Lombroso (criminoso nato), William Sheldon, Klaus Conrad e Ernst Kretschmer (comportamento social associado à estrutura fisiológica do sujeito), Hans Eysenck (personalidade e hereditariedade como fatores causais do crime, biogenética).

Nessa sede a diferença foi buscada nos atavismos tanto no nível intelectual quanto no físico. Entendeu-se o atavismo como hereditário legitimando práticas preventivas de isolamento e esterilização forçada de criminosos.

O primeiro grande passo sistematizado dado na linha de pesquisa do atavismo foi de Cesare Lombroso que publica "O homem delinquente" em 1876. Entendia ele ser o criminoso uma espécie distinta de *homo sapiens*. Tal indivíduo apresentaria determinadas características de natureza física e psíquica a que denominou *stigmata*. Esses sinais indicariam um regresso atávico em razão da clara aproximação com as formas humanas primitivas. Assim o criminoso nato seria identificado: pela forma da calota craniana e da face; dimensões do crânio; maxilar inferior procidente; molares muito salientes; sobrancelhas fartas; orelhas grandes e deformadas; corpo assimétrico; grande envergadura dos braços, mãos e pés; pouca sensibilidade à dor; crueldade, leviandade; tendência à superstição; precocidade sexual. Todos esses sinais indicariam o criminoso nato. Procurou ainda demonstrar ligação entre epilepsia e o que chamava de insanidade moral.

Os ensinamentos lombrosianos influenciaram bastante a política criminal durante o século XIX e início do seguinte. Passou-se a entender que se a conduta desviada era predisposição congênita não seria justo atribuir-lhe reprovação decorrente do desvalor das escolhas. O homem delinquente não atuava por livre deliberação, era dirigido por forças naturais irresistíveis. Por via de consequência as práticas ilícitas, decorrentes da personalidade do infrator, legitimava à sociedade defender-se com imposição de prisão perpétua ou até de morte (limpeza étnica).

Importante ressaltar estudo anterior desenvolvido por Franz Joseph Gall (1758-1828) pioneiro em estudos de funções mentais localizadas em diferentes partes do cérebro. É o criador da cranioscopia (frenologia) entendendo que as faculdades morais e intelectuais do homem são inatas e sua manifestação depende da organização do cérebro considerado órgão responsável por todas as propensões, sentimento e faculdades. Para ele tal órgão é composto de muitos sub-órgãos particulares e cada um deles sendo responsável por uma determinada faculdade mental. Ensina que o formato externo do crânio reflete a forma interna do cérebro e o desenvolvimento relativo desses órgãos causa mudança na forma do crânio. Daí poder-se-ia diagnosticar as faculdades mentais particulares dum indivíduo fazendo-se a análise adequada.

Franz Gall realizou observações numerosas e cuidadosas com medidas experimentais em crânios de parentes, amigos e estudantes. Assim desenvolve uma teoria completa e extensa apoiando suas conclusões visando a aplicação prática nas ciências mentais fornecendo mapas topológicos detalhados. Seu trabalho é seguido pelo assistente Johann Spurzheim (1776-1832) que amplia o modelo frenológico disseminando-o pela Europa e América do Norte.

Herbert Spencer (1820-1903), um dos pais da psicologia norte-americana, foi adepto da frenologia tendo chegado a criar aparelho para maior precisão das medidas do crânio, o cefalômetro. Essa máquina automatizava o diagnóstico frenológico: um capacete de metal era colocado sobre a cabeça do paciente e sensores conectados a pequenos circuitos sentiam as saliências do crânio e as mediam. Essas informações eram utilizadas para compor um registro sobre a personalidade do paciente.

Por outro lado alguns estudiosos procuram a causação dos comportamentos desviados, notadamente aqueles violentos, a partir de fatores bioquímicos.

Em razão disso determinadas substâncias têm sido bastante pesquisadas para tanto. É caso do colesterol, da glicose, de hormônios e alguns neurotransmissores.

Nesse campo, como exemplo, o álcool tem sido frequentemente relacionado com o comportamento violento estudando-se a ligação dessa substância com glicose e colesterol. Constatou-se que o álcool diminui o açúcar na corrente sanguínea por inibição da produção de glucose hepática e para alguns isso poderia tornar-se um elemento facilitador da conduta desviada.

Existem também estudos associando a violência maior em decorrência da menor quantidade de colesterol. Nessa seara o hormônio mais relacionado à agressividade tem sido a testosterona. As investigações mostram variáveis às vezes contraditórias não permitindo conclusões seguras acerca da agressividade ligada a esse hormônio.

Em sede de influências neuroquímicas no comportamento agressivo as demais pesquisas têm envolvido a serotonina, o ácido fenilacético e a norepinefrina.

De outra banda procura-se associar delitos a fatores neurológicos em decorrência de eventuais alterações cerebrais (essencialmente no hemisfério esquerdo). Tais estudos aparentam indicar disfunções neuropsicológicas relacionadas ao comportamento violento no lobo frontal e nos lobos temporais.

Entendem os neuropsiquiatras que o lobo frontal relaciona-se com a regulação de comportamentos (formação de planos e intenções). Alterações ocorridas aí levariam a diversas consequências: dificuldades de atenção, concentração e motivação; incremento da impulsividade e da desinibição e perda do autocontrole; dificuldades em reconhecer a culpa; audácia sexual; dificuldade para medir consequências de ações; intensificação de comportamento agressivo; aumento da sensibilidade ao álcool; e incapacidade de aprendizagem através da experiência.

Por sua vez os lobos temporais regulam a vida emocional, sentimentos, instintos, comandando as respostas viscerais às alterações ambientais. Mudanças aí conduzem a muitas consequências comportamentais como dificuldade para certas emoções, a exemplo do medo.

Os fatores psicofisiológicos (avaliação de funções cerebrais) têm sido utilizados para tentar compreender manifestações tidas por criminógenas. Como exemplos podem ser citados estudos com o uso do eletroencefalograma e o eletrocardiograma; e da atividade elétrica da pele. Vejamos.

Alguns experimentos procuram demonstrar que ativação tônica (reação global do sujeito na ausência de estimulação específica) e fásica (reação a estimulação específica) apresenta-se menor naqueles tidos por delinquentes. Ainda se observou, em pessoas consideradas como criminosas, uma média menor do ritmo cardíaco, reduzido nível de condutância da pele e maior tempo de resposta na atividade elétrica da pele.

Os estudos dessa ordem seguem uma lógica reducionista e determinista visando vincular uma causalidade linear entre fatores biológicos e o crime. São pesquisas bastante discutíveis e que findam por envolver imputabilidade, culpabilidade e responsabilidade podendo resultar em teorias tão perigosas quanto as lombrosianas o foram.

Conforme ensinam Newton Fernandes e Valter Fernandes

> "Faz-se indiscutível que a Biologia Criminal não pode pretender, por si só, explicar o fenômeno delitivo. O que ela propicia são posições doutrinárias por vezes convincentes que intentam explicar o delito.
> Todavia, o crime é um fenômeno real, contrafeito, torpe e que anula qualquer postura niilista! Tanto assim que são quase colidentes as definições de crime oferecidas por juristas, sociólogos, filósofos e psicólogos! O jurista conceitua o delito como a infração da norma penal expressa; o sociólogo diz que o crime é uma manifestação reprovável advinda de fatores ambientais; o filósofo explica-o como a ruptura do preceito ético e o psicólogo como a consequência de uma causa biológica."[38]

Em conclusão as abordagens criminológicas de cunho biológico não devem ser negadas inteiramente e nem supervalorizadas.

Modelos psicológicos e teorias instintuais da agressividade.

Entenderam certos estudiosos que através de determinadas características psicológicas e psiquiátricas do indivíduo poder-se-ia compreender e prever comportamentos conflitantes com os padrões legais. Em razão disso a criminologia foi nutrida pelas ciências que tratam do funcionamento da mente humana. Procurou-se desta forma explicar o agir delituoso a partir de observações psicológicas e psiquiátricas. Tais estudos passaram a embasar muitos programas de

---

[38] Newton Fernandes e Valter Fernandes. Criminologia integrada. 3ª ed. rev. atual, ampl. São Paulo: Editora Revista dos Tribunais, 2010, pág. 136.

tratamento para o que chamam de personalidade imatura, impulsiva ou agressiva.

O modelo psicossocial ressalta a individualidade em seu contexto apontando características da personalidade que teriam o condão de viabilizar conduta criminosa. Apesar de muito pouco sabermos sobre a mente humana para os defensores dessa linha os comportamentos desviados apresentam-se como distúrbios de personalidade. Dentre esses apontam-se as neuroses, as psicoses, as psicopatias e os transtornos da sexualidade.

Aclaremos sinteticamente aquilo que é tido como algumas das perturbações: a) neurose, estado mental humano produtor da ansiedade revelando-se através de emoções como o medo, a raiva, o rancor ou sentimento de culpa; b) psicose, distúrbio emocional do indivíduo em sua relação com a realidade social, como o caso da paranoia maníaco-depressiva (transtorno bipolar do comportamento marcado por crises de excitação psicomotora e estado depressivo) e da carcerária (conhecida por síndrome crepuscular, estudada por Ganser, produzida pela privação da liberdade em condições inadequadas de espaço, iluminação e alimentação); c) psicopatia, distorção identificada em indivíduos com inteligência acima do normal e caracterizado como amoral, inconstante, insincero, egoísta e carente de vergonha e remorso; d) sexualidade anômala, distúrbio caracterizado por degeneração psíquica ou fatores orgânicos glandulares tendo como exemplos o sadismo, o masoquismo, a pedofilia, o vampirismo e a necrofilia.

De conformidade com os ensinamentos ministrados por Odon Ramos Maranhão podemos identificar como *personalidades patológicas* (perturbações mentais) os seguintes casos:

> "1) do desenvolvimento e da continuidade, representados pelos atrasos ou infranormalidades: as oligofrenias; 2) da senso-percepção, da ideação e do juízo crítico: representados pelas psicoses (alienações) e pelas demências (deterioração mental); 3) da harmonia intrapsíquica, provocando sofrimentos conscientes de causa inconsciente: representada pelas neuroses; 4) do caráter, quer de base constitucional (representados pelas personalidades psicopáticas), quer por processo evolutivo (personalidade delinqüente)"[39].

---

[39] Odon Ramos Maranhão. Curso Básico de Medicina Legal. São Paulo: Malheiros, 6ª ed., 1993, pp. 320-321.

Segundo os autores da área vê-se assim que toda doença mental é perturbação da saúde mental; mas o inverso não é verdadeiro. É o caso *verbi gratia* dos fronteiriços e oligofrênicos (debilóide, imbecil e idiota).

Alguns estudiosos da mente desenvolveram concepções visando explicar mais profundamente a agressividade humana. É o caso de Freud para quem a agressão é entendida como resultado dum processo defensivo. A agressividade seria uma forma reativa onde o ódio apresenta-se como manifestação secundária da libido. Odiar representa uma forma necessária de amar. O paradigma da atitude agressiva é descrito em "Totem e tabu": a agressividade tem como base o amor à mãe (objeto de reivindicação), ao pai (amor que causa o remorso) e aos irmãos (que leva à identificação da organização social). O amor subjacente ao ódio justificaria a culpa.

Segundo Lorenz a agressividade humana encontra-se programada geneticamente sendo desencadeada em determinadas situações.

Já Dollard entende ser a agressão produto da frustração: quando o sujeito não consegue atingir os objetivos recorre à agressão.

Conforme pensa Bandura o comportamento agressivo passa pela aprendizagem com a observação e imitação de modelos. No processo de socialização a criança imita o comportamento de pais, professores e pares incluindo-se aí os agressivos (aprendizagem social).

Por outro lado Winnicott entende que a agressividade é inerente à natureza humana não tendo raiz única e somente se desenvolve com a necessidade durante processo de amadurecimento. A agressividade e destrutividade humanas estão intrinsecamente relacionadas à questão da constituição do sentido da realidade externa.

Concepção multifatorial da delinquência.

Já foi dito que a etiologia do ilícito marca indelevelmente a história da criminologia. Nessa busca apontaram-se causas várias para o fenômeno desde as cósmicas até às de natureza sociológica. Anteriormente também se falou duma constante nos estudos criminológicos: o criminoso é uma pessoa diferente. E a própria sociologia não escapa a este pressuposto. Contudo o olhar sociológico da criminologia tem-se deslocado também para outros ângulos: a conduta delitiva, a vítima e o controle social. O delinquente assim passa ser é examinado em suas interdependências sociais como unidade biopsicossocial. Trata-se de concepção multifatorial da delinquência. Não há inovação no que se refere à procura duma etiologia do delito.

Conforme visto até agora o delito apresenta-se como fato social e realidade jurídica. As teorias acerca dele são tão melhores quanto mais se aproximam da realidade histórico-social do objeto questionado.

Tendo como referência as ideias de Durkheim o delito é necessário ao normal funcionamento do sistema social. O funcionamento do binômio crime-pena torna-se indispensável à evolução normal da moral e do direito. Destarte o crime há de ser visto como fenômeno histórico-social imbricado com a moral e decorrendo tudo das estruturas dialéticas da sociedade em que elas ocorrem.

Tenha-se em mente que o conceito de crime é mutável, relativo e sempre ligado a espaço-tempo definido. Partindo daí várias hipóteses foram desenvolvidas visando explicar sociologicamente o fato criminoso. É possível agrupar esses modelos de análise sociológica em dois segmentos: a) teorias de consenso (ou de integração) de caráter funcionalista: escola de Chicago, teoria da associação diferencial, teoria da anomia, teoria da subcultura delinquente, como exemplos; e b) teorias de conflito (de cunho argumentativo): teoria da rotulação — *labelling approach* —, e a teoria crítica, com destaque para a teoria radical.

Leitura complementar do capítulo 9.

Discursos: crime e criminalidade (Juarez Cirino dos Santos).

OS DISCURSOS SOBRE CRIME E CRIMINALIDADE *[40]
(Págs. 7 a 11).[41]

Juarez Cirino dos Santos

II. O DISCURSO CRIMINOLÓGICO

As ciências naturais e as técnicas estatísticas desenvolvidas nas sociedades industriais fazem nascer a Criminologia, uma ciência *explicativa* da criminalidade como fenômeno de massa. Esse novo *discurso de explicação* da criminalidade, construído pelo método positivista das ciências naturais, nas variantes *biológica* (LOMBROSO) e *sociológica* (FERRI), pretende substituir o Direito Penal como *discurso oficial* de imputação de fatos antissociais. Após o célebre confronto histórico das chamadas Escolas Penais na virada para o século 20, a Criminologia positivista assume uma posição subalterna de *ciência auxiliar* do Direito Penal – por exemplo, como propõe LISZT na *Moderna Escola do Direito Penal* orientada pelo fim: intimidar o autor ocasional, corrigir o corrigível e neutralizar o incorrigível.[42]

Mas a sociedade é sempre mais rica do que supõem os discursos oficiais de controle social: a pesquisa histórica mostra a construção paralela de dois discursos criminológicos antagônicos, com *teorias sociais* opostas, com *objetos de estudo* diferentes e diversos *métodos de estudo* do objeto, assim definíveis: a) a Criminologia tradicional, com um discurso *etiológico* sobre criminalidade, sempre no papel de *ciência auxiliar* do Direito Penal; b) a Criminologia crítica, com um discurso *político* sobre criminalização, no papel de *ciência crítica* do Direito

---

[40] *Artigo escrito em homenagem aos Professores Doutores Nilo Batista e Vera Malaguti Batista.

[41] Arquivo do autor.

[42] LISZT, Franz v. *Der Zweckgedanke im Strafrecht,* in Strafrechtliche Aufsätze und Vorträge, 1905, vol. 1, p. 126 s.

Penal, do Sistema de Justiça Criminal e das desigualdades sociais da relação capital/trabalho assalariado.

A) Criminologia tradicional: o discurso *etiológico* sobre criminalidade

O discurso *etiológico* sobre criminalidade é a marca da Criminologia *positivista*, que trabalha com um método causal-determinista fundado na pergunta: *por que certas pessoas cometem crimes?* Por isso, orienta a investigação para as *causas determinantes* do comportamento criminoso, uma realidade objetiva estudada como *coisa*, conforme propõe DURKHEIM. O discurso *etiológico* sobre criminalidade da Criminologia positivista possui as seguintes características:

a) **teoria política consensual**: assume a teoria do *consenso* sobre valores e interesses como fundamento político da sociedade, o que permite definir o desvio como *dissenso individual* determinado por patologia ou subsocialização;

b) **determinação causal**: trabalha com o conceito de *determinação causal* da conduta humana, que reduz o comportamento a mero *sintoma* revelador da natureza do sujeito, produzido por *causas internas* desconhecidas e não controladas pelo autor, mas identificáveis por peritos (psiquiatras, biólogos etc.) mediante *diagnóstico* de causas, *prognóstico* de comportamentos e *prescrição* de terapias corretivas, segundo o modelo e a linguagem médica;

c) **método experimental**: o conceito de *determinação causal* do positivismo pressupõe o método *indutivo-experimental* das ciências naturais, verificando hipóteses induzidas da *quantificação da conduta* com base em estatísticas criminais.

d) **explicações por defeitos individuais**: as respostas à pergunta (*por que determinadas pessoas cometem crimes?*) fundamentam *explicações* da criminalidade fundadas em *defeitos individuais* determinados por *patologia* ou por *subsocialização*, com propostas de *correção pessoal* ou de *reformas sociais*, substituindo as penas criminais (fundadas na liberdade de vontade) por medidas corretivas ou assecuratórias (fundadas na determinação da conduta).[43]

Como se verá, a Criminologia tradicional produziu *explicações individuais* (modelo de LOMBROSO) e *explicações socioestruturais* (modelo de FERRI) da criminalidade, a seguir sumariadas.[44]

1. Explicações individuais

1.1. Teoria dos defeitos pessoais naturais

As *teorias etiológicas* dos defeitos pessoais naturais apresentam explicações biológicas, constitucionais, genéticas e instintivas do comportamento humano, como se indica:

a) **Explicações biológicas**. A primeira explicação biológica do comportamento humano é a teoria do *criminoso nato* (LOMBROSO), fundada na hipótese de *atavismo*, definível como degeneração pessoal identificável por estigmas físicos: o crânio estreito e pomos salientes do assassino, os olhos oblíquos e o nariz grande do estuprador, a fronte fugidia do ladrão etc. A crítica fala dos métodos de pesquisa defeituosos, da falta de confirmação das correlações indicadas, da origem social da maioria dos estigmas e da seletividade do sistema penal orientada por tais estigmas (na época, desconhecida). Mas a rejeição da hipótese explicativa específica não teve o efeito de invalidar a teoria geral, ainda dominante na Criminologia positivista contemporânea.[45]

---

[43] TAYLOR, WALTON e YOUNG. *The new criminology*. Routledge & Kegan Paul, Londres, 1973, p. 31-40.

[44] ALBRECHT, Peter-Alexis. *Criminologia: uma fundamentação para o Direito Penal*. Tradução de Juarez Cirino dos Santos e de Helena Schiessl Cardoso. ICPC/Lumen Juris, Curitiba – Rio de Janeiro, 2010, p. 40 s.

[45] ALBRECHT, Peter-Alexis. *Criminologia: uma fundamentação para o Direito Penal*. Tradução de Juarez Cirino dos Santos e de Helena Schiessl Cardoso. ICPC/Lumen Juris, Curitiba – Rio de Janeiro, 2010, p. 41; HASSEMER, Winfried. *Einführung in die Grundlagen des*

b) **Explicações morfológico-constitucionais**. Teorias corporais pressupõem correlações entre *caracteres físicos* e *tendências psíquicas* para determinados delitos: por exemplo, o *leptossomático* ou *ectomorfo* (indivíduo magro e alto), tendência para o furto, o estelionato etc.; o *atlético* ou *mesomorfo* (indivíduo musculoso), tendência para a violência pessoal, patrimonial e sexual; ao contrário, o *pícnico* ou *endomorfo* (indivíduo gordo) seria sociável e bonachão. A crítica fala de dificuldades para definir os tipos corporais e da inconfiabilidade dos dados de pesquisa, que excluiriam a influência social na formação dos caracteres corporais e psíquicos, pesquisados em instituições totais etc.[46]

c) **Explicações genéticas**. A teoria genética mais difundida indica a presença de um *Y extra* na estrutura cromossômica individual (XY no homem, XX na mulher) como responsável pelo comportamento violento: essa *anomalia cromossômica* teria sido encontrada na proporção de 3% a 4% da população das prisões, mas apenas na proporção de 0,04% da população em geral. Independente de críticas metodológicas, é óbvia a insignificância explicativa da teoria.[47]

d) **Explicações hereditárias**. Teorias hereditárias, fundadas em pesquisas de gêmeos idênticos e fraternos, pressupõem correlações entre *disposições hereditárias* e *comportamento humano*, assim formuladas: se existe a correlação *herança/comportamento*, então (a) o comportamento de gêmeos idênticos seria *concordante* e (b) o comportamento de gêmeos fraternos seria *discordante*. Os dados de

---

Strafrechts. Beck, 1990, p. 28-30; TAYLOR, WALTON e YOUNG. *The new Criminology*. Routledge & Kegan Paul, Londres, 1973, p. 41-42.
[46] ALBRECHT, Peter-Alexis. *Criminologia: uma fundamentação para o Direito Penal*. Tradução de Juarez Cirino dos Santos e de Helena Schiessl Cardoso. ICPC/Lumen Juris, Curitiba – Rio de Janeiro, 2010, p. 42; TAYLOR, WALTON e YOUNG. *The new Criminology*. Routledge & Kegan Paul, Londres, 1973, p. 43-44.
[47] KUNZ, Karl-Ludwig. *Kriminologie*. Haupt, 2004, p. 118-119; HASSEMER, Winfried. *Einführung in die grundlagen des Strafrechts*. Beck, 1990, p. 28-30; TAYLOR, WALTON e YOUNG. *The new Criminology*. Routledge & Kegan Paul, Londres, 1973, p. 44-47.

pesquisas mais recentes indicam pequena correlação: gêmeos idênticos, concordância em 35% dos casos; gêmeos fraternos, concordância em 13% dos casos. A crítica menciona influências sociais e culturais para explicar a concordância superior do comportamento de gêmeos idênticos em relação aos gêmeos fraternos, desconsideradas nas pesquisas indicadas.[48]

e) **Explicações instintivas**. Estudos do comportamento instintivo animal identifica sinais/estímulos *inatos* (maioria) e *condicionados* (minoria) responsáveis pelo controle das relações recíprocas, mostrando como a transmissão/captação desses sinais/estímulos pode desencadear ou inibir a *agressividade instintiva* em três hipóteses, apresentadas como protótipos da agressividade humana: a) agressão *predatória*, relacionada à sobrevivência de animais de presa; b) agressão *defensiva*, por medo ou para proteção do grupo social ou do território, desencadeada em caso de violação da chamada distância crítica; c) agressão *intraespecífica*, inibida por mecanismos *individuais* (exposição das partes vulneráveis) ou *sociais* (posição hierárquica, impressões recíprocas de poder e força), mas desencadeada em situações de *competição* por fêmeas ou por posição social, ou em situações de *erro* de transmissão ou de captação de sinais.[49] A crítica refere o abismo entre instintos animais e teorias sociológicas e políticas das sociedades humanas, marcadas pela ideologia e pelos conflitos de classes.[50]

---

[48] ALBRECHT, Peter-Alexis. *Criminologia: uma fundamentação para o Direito Penal*. Tradução de Juarez Cirino dos Santos e de Helena Schiessl Cardoso. ICPC/Lumen Juris, Curitiba – Rio de Janeiro, 2010, p. 43-44; HASSEMER, Winfried. *Einführung in die grundlagen des Strafrechts*. Beck, 1990, p. 28-30; KUNZ, Karl-Ludwig. *Kriminologie*. Haupt, 2004, p. 114-118.

[49] Ver LORENZ, Konrad. **A agressão (uma história natural do mal**. Moraes Editores, Lisboa, 1974; também DEBUYST, C. *Etiology of violence*. In Violence in society (Collected studies in criminological research, v. XI). Strasbourg, Council of Europe, 1974.

[50] Para uma fina crítica de tendências psiquiátricas e biológicas da Criminologia tradicional, ver MALAGUTI BATISTA, Vera. *O medo na cidade do Rio de Janeiro*. Revan, 2003, p. 87 e s.

Memória do capítulo 9.

Teorias da delinquência.

Foco: origem, externação, controle e erradicação.

Modelos explicativos.
Elementos externos: sobrenatural.
Elementos internos: qualidade intrínseca (maldade, moralidade, egoísmo, honestidade).
Fatores internos: biológico (regressão, criminoso nato), frenológico, bioquímico (colesterol, glicose, hormônios, neurotransmissores), neurológico, psicofisiológico e hereditário, psicológico, psicossocial (neuroses, psicoses, psicopatias, transtornos da sexualidade), psiquiátrico.
Concepção multifatorial da delinquência.

Temática do capítulo 9. Consultar:

Alessandro Baratta. **Criminologia crítica e crítica ao direito penal**. 3ª ed., Rio de Janeiro: Editora Revan, 1999.

Juarez Cirino dos Santos. **Os discursos sobre crime e criminalidade**. Artigo escrito em homenagem aos Professores Doutores Nilo Batista e Vera Malaguti Batista. (Arquivo do autor).

Nestor Sampaio Penteado Filho. **Manual esquemático de criminologia**. 2 ed., São Paulo: Saraiva, 2012.

Newton Fernandes e Valter Fernandes. **Criminologia integrada**. 3ª ed., rev. atual, ampl. São Paulo: Editora Revista dos Tribunais, 2010.

Odon Ramos Maranhão. **Curso Básico de Medicina Legal**, 6ª ed., São Paulo: Malheiros, 1993.

Sérgio Salomão Shecaria. **Criminologia**. 4ª ed. São Paulo: Editora Revista dos Tribunais, 2012.

Capítulo 10 – Exames criminológicos.

Sumário: Imputabilidade e inimputabilidade. Modelos psicológicos e teorias instintuais da agressividade. Psicologia clínica. Testes criminológicos de personalidade e de inteligência.

Exames criminológicos e imputabilidade.

Imputabilidade e inimputabilidade.

O nosso código penal trata da imputabilidade por ocasião do artigo 26. Pode ela ser concebida como a capacidade do indivíduo ser responsabilizado pela prática ou abstenção dum ato em virtude das suas condições psíquicas permitidoras da compreensão do mesmo ao tempo em que o cometeu. No dizer de Maria Auxiliadora Minahim

> "O imputável é aquele que pode conhecer o fato e seu sentido contrário ao dever".[51]

A *contrario sensu* será inimputável a pessoa desprovida da capacidade de compreender o caráter ilícito dum fato ou de deliberar na conformidade com esse entendimento como previsto na cabeça do artigo acima mencionado.

Em resumo podemos afirmar que a imputabilidade é diretamente proporcional ao grau de discernimento (consciência, compreensão e voluntariedade) do indivíduo. Bento de Faria assim se expressa acerca da matéria:

> "A ação contrária à lei penal tem como base essencial para legitimar a repressão – a *voluntariedade*, quer relativamente ao fato praticado e o seu resultado, ou seja, o pleno conhecimento do mal e a direta intenção de praticá-lo (*delito doloso*), quer em relação tão-somente quanto ao ato inicial, sem extensão, porém, aos efeitos, na forma produzida (*delito culposo*). Todavia, a — *vontade* — para ter esse efeito deve ser — *livre*

---

[51] Maria Auxiliadora Minahim. Direito Penal da Emoção. São Paulo: RT, 1992, p. 55.

e consciente —, sem sujeição a influências anormais suscetíveis de serem consideradas como causas determinantes da ação. Rememorando assim esse aspecto jurídico da — *intenção* — pelo qual deve ser apreciada para se aferir da sua — *criminalidade*, não é difícil aprender a distinção entre — *imputabilidade, responsabilidade* e *culpabilidade*, embora as suas relações íntimas as inculquem, vulgarmente, como equivalentes".[52]

Essa aptidão vista acima é pressuposto *sine qua non* da culpabilidade. Isto é: da reprovabilidade do comportamento. Em não existindo aquela capacidade temos a inimputabilidade e decorrentemente — pela falta do pressuposto básico e fundamental da culpabilidade — um motivo eficaz para a exclusão de qualquer tipo de apenação; e em algumas hipóteses a própria exclusão da ilicitude, a exemplo da menoridade penal versada no art. 27 do código penal. Contudo nada obsta a aplicação de outras medidas tais como as de segurança previstas no artigo 96 do diploma de regência. E no caso do menor a imposição de medidas socioeducativas.

Como requisitos para a configuração da inimputabilidade temos três elementos por força do *caput* do artigo 26: *1*) causais: *a*) doença mental; *b*) desenvolvimento mental incompleto; *c*) retardamento mental; *2*) consequentes: *a*) completa incapacidade de compreender o caráter ilícito do fato; *b*) impossibilidade de autodeterminação; *3*) temporal: ação ou omissão produzida na contemporaneidade dos elementos 1 e 2.

Como se vê o código penal estabelece hipóteses de inimputabilidade implicando esta em exclusão de punibilidade. Significa dizer que *in casu* poderemos encontrar um fato típico para o qual existe apenação e seu respectivo sujeito ativo; contudo fazendo-se presente a inimputabilidade sobrevém a inculpabilidade e consequentemente não temos a aplicação de pena. Considere-se que, em tese, não temos o crime em sua plena acepção por falta do elemento culpabilidade no que respeita ao texto do *caput* do mandamento em tela. Tendo em vista contudo a necessidade de resguardar-se a segurança social aplica-se em casos tais as medidas de segurança (para maiores de 18 anos) ou medidas socioeducativas (para penalmente menores), conforme o caso.

---

[52] Bento de Faria. Código Penal Brasileiro Comentado. 3ª Ed., Rio de Janeiro: Distribuidora Record Editora, 1961, v. II, p. 205.

Para a aplicação do artigo 26 e seu parágrafo torna-se fundamental a elaboração de perícia de cunho psiquiátrico-legal para constatação do grau de sanidade mental do acusado.

Modelos psicológicos e teorias instintuais da agressividade.

Tratando dos modelos psicológicos e teorias instintuais da agressividade já assentamos que os cientistas procuraram compreender e prever comportamentos conflitantes com os padrões legais partindo de determinadas características do indivíduo. Em razão disso a criminologia foi nutrida também pelas ciências que tratam do funcionamento da mente humana. Procurou-se explicar o agir delituoso a partir de observações psicológicas e psiquiátricas. Tais estudos passaram a embasar muitos programas de tratamento para o que chamam de personalidade imatura, impulsiva ou agressiva.

O modelo psicossocial ressalta a individualidade em seu contexto apontando características da personalidade que teriam o condão de viabilizar conduta criminosa. Apesar de muito pouco sabermos sobre a mente humana para os defensores dessa linha os comportamentos desviados apresentam-se como distúrbios da personalidade.

Vejamos algumas ideias acerca disso.

O psiquiatra Ernst Kretschmer — usando uma técnica de classificação corporal (somatótipo) — estabelece uma associação entre tipo constitucional e traços de personalidade identificando aí três grupos: a) astênico (ou leptossômico) que se apresenta como introvertido, tímido, amigável, gregário, dependente de relacionamentos interpessoais e que seria próprio de pessoa magra, pouco musculosa, rosto afilado, encanecimento precoce; b) picnico caracterizado por variações frequentes de humor indo da euforia à depressão; e oscilando da insensibilidade à hipersensibilidade; predisposto à psicose maníaco-depressiva; fisicamente é relacionado à pessoa de baixa estatura, obeso, abdome volumoso, pescoço curto e com tendência à calvície; e c) epileptoide que é vinculado a personalidade explosiva e agressiva; do ponto de vista físico é atlético, com aspecto trapezoidal, ombros largos e relevos musculares evidentes.

Esse estudo é continuado pelo fisiologista William Sheldon que desenvolve um modelo para avaliação do somatótipo a ser empregado tanto em homens quanto em mulheres através de formulário especifico (somatocarta).

Aqui merece citação os ensinamentos ministrados por Odon Ramos Maranhão identificando personalidades patológicas (perturbações mentais):

> "1) do desenvolvimento e da continuidade, representados pelos atrasos ou infranormalidades: as oligofrenias; 2) da senso-percepção, da ideação e do juízo crítico: representados pelas psicoses (alienações) e pelas demências (deterioração mental); 3) da harmonia intrapsíquica, provocando sofrimentos conscientes de causa inconsciente: representada pelas neuroses; 4) do caráter, quer de base constitucional (representados pelas personalidades psicopáticas), quer por processo evolutivo (personalidade delinqüente)".[53]

As oligofrenias, conforme entendem os pesquisadores, caracterizam-se pelo não-desenvolvimento normal da inteligência (atrasos ou debilidades mentais, insuficiências congênitas) diferentemente das demências, caracterizadas pela deterioração da inteligência normalmente desenvolvida. Os critérios diagnósticos aí são os seguintes: psicométrico (QI), escolar, social e clínico.

As alienações (psicoses) são alterações psíquicas impossibilitadoras de manutenção duma vida social normal.

As demências caracterizam-se por deterioração mental progressiva, global e incurável (senis ou traumáticas), caso da arteriosclerose e mal de Alzheimer.

Versando acerca da psicopatia afirma a psicóloga Maria de Fátima Franco dos Santos que a personalidade no ser humano inicia-se na sua concepção e termina por volta dos cinco anos de idade. Neste período a criança recebe os elementos necessários que vão servir de base para o seu comportamento pelo resto da vida. Acrescenta que grande parte dos criminosos psicopatas são frutos de famílias desestruturadas e de lares violentos.

Por seu turno Odon Maranhão explica que as personalidades psicopáticas externam-se por conduta anormal, às vezes cronicamente antissocial. O sujeito não aprende através das experiências vividas, não

---

[53] Odon Ramos Maranhão. Curso Básico de Medicina Legal. 6ª ed., São Paulo: Malheiros, 1993, pp. 320-321.

teme punições e não mantém lealdade real com pessoa ou grupo. Igualmente apresenta: ausência de sentimento de culpa; tendência à impulsividade; bastante agressividade; intolerância à frustração; e falta de motivação.

Importante salientar que os doentes mentais interagem com o mundo a partir duma realidade própria; enquanto os psicopatas interferem na realidade a partir de sua personalidade desajustada aos padrões sociais.

Psicologia clínica.

Como já vimos a criminologia tem procurado entender e explicar o agir delituoso a partir de observações psicológicas. Para tanto se tem utilizado a psicologia clínica com os seus diagnósticos. Nesses estudos procura-se a comprovação da existência, ou não, de transtorno mental bem como expor as condições causadoras de tal transtorno. Por via de consequência procura-se determinar a capacidade do infrator de ser responsável, ou não, por seus atos. Busca-se aí identificar elementos relevantes característicos naqueles que cometeram ilícitos. Tal afazer visa estabelecer uma base empírica objetivando servir de auxílio na tomada de decisões em questões de política criminal.

Testes criminológicos de personalidade e de inteligência.

Entre as diversas técnicas utilizadas pela psicologia, e acatadas pela criminologia tradicional, encontram-se os testes criminológicos de personalidade (projetivos e prospectivos) e de inteligência.

Os testes de personalidade projetivos partem de padrões preestabelecidos tentando detectar características pessoais utilizando-se de respostas a estímulos previamente planejados para traçar o perfil psicológico e a capacidade pessoal para cometimento de crime. A realização desse tipo de teste e sua confiabilidade depende muito das circunstâncias do fato concreto e da capacitação profissional do responsável por ele.

Vários foram os testes projetivos desenvolvidos e dentre eles contam-se: a) teste pictórico criado pelo psiquiatra e psicanalista Herman Rorschach (interpretação de manchas de vários formatos); b) psicodiagnóstico miocinético da periculosidade delinquencial (estímulos musculares e postura mental) desenvolvido por Emilio Mira y López — médico, psicólogo e psiquiatra forense — bastante utilizado em nosso país como exame psicotécnico; neles busca-se medir a capacidade de atenção, traços emocionais, aspectos da personalidade e de conduta; c) teste HTP (*house, tree, person*) — desenho de árvore, casa, pessoa e coisas associadas — o qual foi ampliado pelo psicólogo clínico John N. Buck incluindo medidas qualitativas e quantitativas de habilidade intelectual do examinado.

Por sua vez os testes prospectivos correspondem à técnica de exploração minuciosa das intenções presentes e futuras da pessoa examinada. Procuram identificar no paciente as crenças e potencialidades lesivas ou não; os freios de contenção das condutas; aspirações a estilo de vida; motivação delituosa; as fontes de causação de sofrimento às vítimas; o temor às regras legais; e sensibilidade à moral. Envolve dois elementos importantes: habilidade do examinador e sinceridade do examinando.

Nessa quadra torna-se importante salientar os testes de inteligência que envolvem uma função psíquica bastante complexa. De pronto deve ser esclarecido que não se tem um conceito de inteligência universalmente aceito. Os diversos existentes são imbricados e interdependentes variando em razão da observação ou utilidade. Partindo de abordagem bastante simplificadora pode-se entender inteligência como raciocínio, capacidade de entendimento, poder de abstração, percepção exterior, memorização, iniciativa e bom senso.

Estudando o fenômeno inteligência e procurando mostrar seus diferentes níveis Alfredo Binet e Theodore Simon, em 1905, estabeleceram o conceito de idade mental. Mais adiante (1912) Willian Stern propôs o termo quociente de inteligência (QI) para representar o nível mental das pessoas e criou as expressões idade mental (IM) e idade cronológica (IC). Tem-se aí uma divisão da idade mental pela idade cronológica (1/1). Assim um indivíduo com idade cronológica de 10 anos e nível mental de 8 anos teria QI = 0,8 (idade mental 8 anos / idade cronológica 10 = 0,8). Trabalhando sobre a questão Lewis Madison Terman (1916) propôs multiplicar o QI por 100 visando facilitar as medições eliminando a casa decimal. A fórmula passa a ser: QI = 100 x IM / IC. Com a nova fórmula o indivíduo do exemplo anterior teria QI 80 (QI = divisão da idade mental (IM) pela idade cronológica (IC) multiplicada por 100 [QI = IM / IC X 100]).

A criminologia apropriou-se dessa medida de inteligência.

A idade cronológica não traz dificuldade alguma (tempo vivido por uma pessoa contado em anos, meses e dias). Já a determinação da idade mental torna-se mais difícil por envolver comparação entre indivíduos com experiências diversas.

Para permitir melhor avaliação alguns testes são usados por ocasião da medição: a) informação (questionário de conhecimentos gerais); b) compreensão comum (escolha duma entre várias respostas); c) raciocínio aritmético (questões matemáticas, considerando o grau de estudo do examinando); d) memória para números (nível de controle mental e atenção); e) semelhança (relacionamento entre palavras); f) arranjo de figuras (gravuras contando uma pequena história); g) completar figuras (peças diversas para escolha e complementação); g) desenho de cubos (indicação da sequência de composição das partes); h) números e símbolos (associação de símbolos determinados em razão duma velocidade); i) arranjo de objeto (três ou quatro peças decompostas devendo o examinando recompô-las); e j) vocabulário (definição de coisas, pessoas e animais visando verificar o raciocínio e os recursos verbais).

Para efeito de padronização dos testes a idade mental só é analisada até os 15 anos.

Em razão de sua inteligência considera-se o homem como hipofrênico (oligofrenias), normal ou hiperfrênico (superior ou genial).

Apresentamos aqui uma simplificação bastante rudimentar com a tabela que se segue. a) Hipofrenia: idiota, QI de 0 a 19, incapacidade de cuidar-se e de bastar-se a si mesmo; imbecil, QI de 20 a 49, inaptidão de prover a subsistência em condições normais; débil mental, QI 50 a 89, incompetência de lutar pela vida em igualdade condições com normais. b) Normalidade: QI entre 90 a 120, capacidade de prover à vida e manter relacionamento normal. c) Hiperfrenia: superior, QI de 121 até 139, excepcional capacidade de assimilação, impaciência e irritabilidade; genial, QI acima de 140, rapidez de assimilação (desajuste ou inadaptação).

Alessandro Baratta, abordando o tema da reprodução da realidade social, alerta para os riscos da utilização dessas medições de inteligência. Diz ele:

"A outra frequente legitimação da diferenciação social no âmbito do sistema escolar se baseia no conceito de mérito. A crítica deste conceito colocou em relevo, sobretudo, como no caso dos testes de inteligência, que as diferenças de desenvolvimento mental e de linguagem que os meninos apresentam no seu ingresso no sistema escolar são o resultado das diversas condições sociais de origem. Com o sistema dos testes de inteligência e do mérito escolar estas diferenças são aceitas acriticamente e perpetuadas. A crítica se dirige, em seguida, particularmente sobre as características dos critérios de juízo e do mundo dos valores, conforme aos quais o mérito escolar é avaliado, e sobre a limitada objetividade desta avaliação. Isto levou a evidenciar os efeitos discriminatórios do sistema escolar sobre meninos provenientes dos estratos inferiores do proletariado e dos grupos marginais. Uma das primeiras razões do insucesso escolar consiste, no caso dos meninos provenientes destes grupos, na notável dificuldade de se adaptarem a um mundo em parte estranho a eles, e a assumirem os seus modelos comportamentais e lingüísticos. A instituição escolar reage, geralmente, a estas dificuldades, antes que com particular compreensão e cuidado, com sanções negativas e com exclusão, como demonstra o fato de que as escolas especiais tendem a ser as normais instituições escolares para os meninos provenientes de grupos marginais. Tem-se observado que, em relação a eles, a escola é um tal instrumento de socialização da cultura dominante das camadas médias, que ela os pune como expressão do sistema de comportamento desviante."[54]

Juridicamente o código civil e o código penal apresentam situações envolvendo pessoas em condições de anormalidade das funções psíquicas.

O código civil (arts. 1º ao 5º) presume a capacidade em geral, estabelecendo restrições parciais e absolutas considerando as capacidades de discernimento, intenção, consciência e juízo.

Já o código penal (arts. 26 e 27) busca determinar o caráter ilícito do fato e a culpabilidade decorrente a partir da capacidade de entendimento do indivíduo. Havendo dúvida sobre a integridade psíquica do agente instaura-se um incidente de sanidade mental (arts. 149 e 151 do código de processo penal).

---

[54] Alessandro Baratta. Criminologia crítica e crítica ao direito penal. 3ª ed., Rio de Janeiro: Editora Revan, 1999, pág. 173.

Memória do capítulo 10.

Imputabilidade e inimputabilidade.

Imputabilidade: consciência, compreensão e voluntariedade
Inimputabilidade: doença mental; desenvolvimento mental incompleto; retardamento mental; completa incapacidade de compreensão, impossibilidade de autodeterminação.

Modelos psicológicos e teorias instintuais da agressividade.
Agir delituoso: observações psicológicas e psiquiátricas.
Testes criminológicos de personalidade (projetivos e prospectivos) e de inteligência.

Temática do capítulo 10. Consultar:

Alessandro Baratta. **Criminologia crítica e crítica ao direito penal**. 3ª ed., Rio de Janeiro: Editora Revan, 1999.

Altamiro de Araujo Lima Filho. **Anotações ao código penal (parte geral)**. 4ª ed. Leme: Mundo Jurídico Editora, 2011.

Alvino Augusto de Sá. **Criminologia clínica e psicologia criminal**. São Paulo: Revista dos Tribunais, 2007.

Alvino Augusto de Sá e outros. **Criminologia no Brasil – História e aplicações clínicas e sociológicas**. Do viés médico-psicológico ao viés crítico da Criminologia Clínica: mudanças no enfoque interpretativo dos fatores apontados nos exames criminológicos. Rio de Janeiro: Elsevier Editora Ltda., 2011.

Arthur Santileone. **Direito Penal Brasileiro e Psicologia Jurídica**. e-book Amazon, 2021.

Bento de Faria. **Código Penal Brasileiro Comentado**. 3ª Ed., Rio de Janeiro: Distribuidora Record Editora, 1961.

Maria Auxiliadora Minahim. **Direito Penal da Emoção**. São Paulo, RT, 1992.

Nestor Sampaio Penteado Filho. **Manual esquemático de criminologia**. 2 ed., São Paulo: Saraiva, 2012.

Newton Fernandes e Valter Fernandes. **Criminologia integrada**. 3ª ed., rev. atual, ampl. São Paulo: Editora Revista dos Tribunais, 2010.

Odon Ramos Maranhão. **Curso Básico de Medicina Legal**. 6ª ed., São Paulo, Malheiros, 1993.

Sérgio Salomão Shecaria. **Criminologia**. 4ª ed. São Paulo: Editora Revista dos Tribunais, 2012.

Thais Bandeira e Daniela Portugal. **Criminologia**. Salvador: UFBA, 2017.

Capítulo 11 – Teorias do consenso.

Sumário: Teorias do consenso: escola de Chicago, associação diferencial, anomia, subcultura delinquente, técnicas de neutralização.

Teorias do consenso.

O crime apresenta-se como fenômeno coletivo através de manifestações individuais.

As diversas teorias criminológicas partem de perspectiva macrossociológica para enxergar a sociedade como um todo e aí situar o fenômeno delituoso.

Será nessa quadra que vamos encontrar a criminologia tradicional e o pensamento positivista que se caracteriza pelos seguintes pontos: consenso, determinação causal, método experimental e explicação do crime através de defeito individual (patológico ou de subsocialização); daí concluindo por propostas de correção pessoal ou de reformas sociais.

Nesse panorama encontramos as teorias consensuais. Partem elas do pressuposto de que para o bom funcionamento da sociedade é necessário haver harmonia entre instituições e indivíduos. Todos vivenciando metas sociais comuns. Nesse ponto abrigam-se as teorias estruturais-funcionalistas nascidas com o pensamento de Emile Durkheim. Afirma-se aí ser o crime produzido pela própria estrutura da sociedade. Esse tipo de manifestação torna-se necessário para a coesão social e portanto exerce função salutar dentro do sistema. Isto porque a ocorrência de delito desencadeia reação contrária reafirmando os liames sociais ratificadores da norma. Como decorrência não pode ser o crime tido por anomalia ou moléstia social. Desta maneira a conduta desviada assume uma função reguladora a ser mantida dentro de limites toleráveis.

Na hipótese de ocorrer a extrapolação dos referidos limites advém um estado de desorganização em que o ordenamento normativo perde efetividade: é a anomia causadora de desagregação e deterioração social.

Escola de Chicago (ecologia criminal).

Seguindo essa linha do pensamento consensual encontramos muitos trabalhos, a exemplo daquele desenvolvido pela escola de Chicago. Ela elabora a teoria da ecologia criminal (ou desorganização social) identificadora de áreas de criminalidade (*gradient tendency*).

A ideia é a seguinte. Teríamos uma série de círculos concêntricos iniciados numa primeira zona central (lojas, bancos, armazéns, órgãos públicos, fábricas); esta se expande para uma segunda, de transição (propícia à criação de guetos); segue-se a terceira zona, residencial (trabalhadores pobres e forasteiros); a qual se interliga à quarta, onde assentam-se as moradias da classe média; por fim a última, onde se estabelece a elite socioeconômica.

Essa ideia é encabeçada por Clifford Shaw e Henry Mckay. Eles usaram como campo de estudo a cidade de Chicago da revolução industrial. Vivia ela a consolidação da burguesia comercial. A cidade experimentava um crescimento urbano desordenado partindo do centro em direção à periferia (movimento circular centrífugo), gerando muitos e sérios contrastes sociais, econômicos e culturais. A inexistência de mecanismos eficazes de controle social redundaram numa criminalidade crescente a olhos vistos. Como forma de investigação os integrantes da escola utilizaram os inquéritos sociais — produzidos pelos órgãos oficiais — contendo interrogatórios diretos e análises biográficas individuais permitindo desenhar perfis de carreiras delitivas.

Coroando a metodologia interligou-se os resultados estatísticos com o mapa da cidade demonstrando onde se verificavam os principais pontos da criminalidade (estrutura ecológica).

Tal teoria procurou mostrar a adaptação dos indivíduos às cidades com implicações de ordem moral e social num processo interativo. Deve-se a essa escola muitas propostas objetivando o combate à criminalidade a ser implementado com programas comunitários de recreação, lazer, esporte, escotismo, tratamento e prevenção; bem como reurbanização de bairros pobres com melhoria da estética e do padrão de moradia.

Teoria da associação diferencial.

Outro segmento importante na trilha do consenso ocorre com a teoria da associação diferencial desenvolvida por Edwin Sutherland, inspirado em Gabriel Tarde. Para ele a criminalidade é aprendida e apreendida através das convivências do indivíduo em seu ambiente social e profissional. Essa hipótese procura identificar a prática de condutas desviantes das classes altas e baixas através do convívio-aprendizado.

Sendo isso verdade a convivência do menos privilegiado geralmente conduz à pratica de crimes semelhantes ao dos seus pares em decorrência da interação com pessoas do mesmo nível social. Os conhecimentos e condicionamentos impedem a aptidão desse indivíduo para outras condutas mais sofisticadas. Já um membro de classe abastada tem acesso ao aprendizado de outras modalidades criminosas ligadas ao seu ambiente social, a exemplo de crimes do colarinho branco.

Verifica-se assim que estatisticamente a modalidade de conduta atribuída aos indivíduos das classes pobres e abastadas apresenta distribuição em consonância com os meios disponíveis para os respectivos impulsos delituosos. Planta-se aí a ideia das subculturas criminais pregando que o indivíduo aprende a prática ilícita de acordo com sua convivência em certos ambientes e assumindo as características dos grupos aos quais se vincula através de aproximação voluntária, ocasional ou por coação.

De outra banda observa-se que as classes sociais mais altas acabam por influenciar as demais em razão do monopólio dos meios de comunicação criando estereótipos e modelos comportamentais.

Teoria da anomia.

Por seu turno a teoria da anomia encara a sociedade como um todo orgânico articulado; necessitando da interação dos indivíduos em ambiente de valores e regras comuns. Nessa formulação de matiz estrutural-funcionalista o pensador Robert King Merton apropria-se do conceito de anomia formulado por Durkheim. O crime aqui também não é visto como anomalia. O diferencial dessa escola será a conotação marxista onde se afirma ser o desvio um produto da própria estrutura social. Essa corrente entende que a estrutura compele o indivíduo à conduta desviante em razão de falha do estado gerando uma disfunção.

O modelo funcionaria da seguinte maneira: a sociedade estabelece metas para o indivíduo, porém não disponibiliza os meios legais necessários para que todos as alcancem.

Em razão da ausência de formas para a consecução da conquista o indivíduo perde suas referências sentindo-se impotente e abandonado. Privado dos meios legais para conseguir atingir as metas, e pressionado socialmente para a obtenção delas, o indivíduo procura preencher esse vácuo (anomia) de alguma maneira. Busca então um atalho para a perseguição dos fins colimados através de meios ilegítimos, desviantes e ilegais.

Em resumo: segundo Merton a origem dos comportamentos desviantes encontra-se na desproporção entre os fins propostos e os meios legítimos para alcançá-los.

Ressalta que nessa equação a cultura apresenta metas para os membros dos estratos inferiores mas lhes nega as possibilidades de fazê-lo com meios institucionais legítimos. Isto porquanto são estabelecidas exigências inconciliáveis para tanto.

A anomia assim é vista como conflito cultural onde se verifica um sistema de valores em antítese com outro. Segue-se daí: a) o comportamento modal (conformismo) como o mais comum (adesão); b) a inovação onde as pessoas aceitam as metas culturais mas não acatam os meios institucionalizados para alcança-los e ocorre o rompimento com o sistema através da conduta desviante.

Teoria da subcultura delinquente.

Já a teoria da subcultura delinquente — igualmente tida como consensual — foi criada por Albert Cohen (*Delinquent boys*, 1955). São suas premissas: a) caráter pluralista e atomizado da ordem social; b) positivação da conduta desviada; e c) semelhanças estruturais entre comportamentos regulares e irregulares.

Na subcultura delinquente são identificados o não utilitarismo da ação (irracionalidade motivacional, jovens furtando objetos que não usarão); a malícia da conduta (prazer prejudicial, atemorização dos demais fora do grupo); e o negativismo (oposição a padrões estabelecidos pela sociedade).

As subculturas criminais (tribos) apresentam-se como reação de minorias desfavorecidas diante das exigências sociais de sobrevivência. Servem como exemplos as gangues de jovens delinquentes onde seus membros passam a aceitar os valores do grupo sobrepondo-os aos valores sociais dominantes.

Ideia das técnicas de neutralização.

De outra banda a ideia das técnicas de neutralização, também estrutural-funcionalista, é encabeçada por Gresham Sykes e David Matza. Procura ela entender a racionalização da conduta marginal que visa neutralizar a vigência dos valores e regras sociais reinantes.

Parte-se da ideia de que o indivíduo mergulhado numa subcultura criminal não perde totalmente o contato com a cultura oficial e ainda sofre influência desta continuando a reconhecer algumas de suas regras. Constatando isso ele acata o pensamento desse segmento que justifica, perante si mesmo e os demais, as condutas desviantes e perturbadoras das normas oficiais impostas pela sociedade.

Nesse pensar marginal tem-se os seguintes pilares (técnicas de neutralização) básicos: a) exclusão da responsabilidade própria colocando-se em posição de vítima dos mecanismos sociais que o encaminharam para o agir ilícito; b) negação da ilicitude entendendo as atuações apenas como proibidas, mas não criminosas, imorais ou destrutivas; c) oposição à vitimização vez que o sujeito passivo do crime é visto como merecedor do mal ou prejuízo impingido; d) reversão da ideia de condenação conferindo qualidades negativas aos órgãos oficiais de repressão criminal; e) chamamento pelo socorro das instâncias marginais a que o desviado pertence aderindo às normas e valores alternativos em prejuízo das regras sociais normais.

Leitura complementar do capítulo11.

Escola de Chicago e teorias estrutural-funcionalistas.

Thais Bandeira e Daniela Portugal. **Criminologia**. Salvador: UFBA, 2017.

(Págs 44 a 48)

A Escola de Chicago

A criminologia americana se iniciou nas décadas de 20 e 30, à sombra da Universidade de Chicago, com a teoria ecológica e os múltiplos trabalhos empíricos que inspirou.

É considerada uma teoria de consenso e tem como principais expoentes pioneira de Robert Park e Ernest Burguess. Em sede de sociologia, a escola criminológica de Chicago encarou o crime como fenômeno ligado a uma área natural (Calhau,2009).

A Escola de Chicago coincide historicamente com o período das grandes migrações e da formação das grandes metrópoles, de modo que teve que se afrontar com o problema característico do *ghetto*. As sucessivas ondas de imigrantes arrumavam-se segundo critérios rigidamente étnicos, dando origem a comunidades tendencialmente estanques. (Calhau, 2009)

Diante disso, **parecia natural** que se optasse por um modelo ecológico – ou seja, de **teorias** macrossociológicas da criminalidade equilíbrio entre a comunidade humana e o ambiente natural – para o enquadramento dos fenômenos sociais.

A Escola teve como características seu empirismo e sua finalidade pragmática. Isto é, o emprego da observação direta em todas as investigações e pela finalidade pragmática a que se orientavam: um diagnóstico confiável sobre os urgentes problemas sociais da realidade norte-americana de seu tempo.

É importante saber que os seus representantes iniciais não cram sociólogos nem juristas, senão jornalistas, predominando em todo o caso, o amplo espectro das ciências do espírito. (Calhau, 2009)

A Escola de Chicago pode ter seu trabalho melhor compreendido dividindo-o em duas fases: a Primeira Escola vai de 1915 a 1940, enquanto a segunda escola vai de 1945 a 1960. O trabalho dessa escola explorou a relação entre a organização do espaço urbano e a criminalidade. (Calhau, 2009)

A referida Escola se tornou bastante importante para o estudo da criminalidade urbana. As teorias estabelecidas por seus sociólogos durante aquele período influenciaram valiosos estudos urbanos sobre o crime, que foram posteriormente conduzidos nos Estados Unidos e na Inglaterra (Calhau, 2009).

A primeira teoria da Escola de Chicago é a teoria ecológica. Para os defensores dessa teoria, a cidade produz **delinquência**. Existiriam para esses autores até áreas bastante definidas, onde a criminalidade se concentra e outras em que seria bastante reduzida. (Calhau, 2009).

A teoria ecológica explica esse efeito criminógeno da grande cidade, com base nos conceitos de desorganização e contágio inerentes aos modernos núcleos urbanos e, sobretudo, a deficiência do controle social desses núcleos.

"A deterioração dos grupos primários (família etc.), a modificação qualitativa das relações interpessoais que se tornam superficiais, a alta mobilidade e a perda de raízes no lugar de residência, a crise dos valores tradicionais e familiares, a superpopulação, a tentadora proximidade às áreas comerciais e industriais onde se acumula riqueza e o citado enfraquecimento do controle social criam um meio desorganizado e criminógeno." (Calhau, 2009)

Ernest Burgess desenvolveu a teoria das zonas concêntricas, que explorava a relação entre espaço urbano e a criminalidade. O modelo ecológico buscava um equilíbrio entre a comunidade humana e o ambiente natural, trabalhando com o método de observação participante. Entendeu, então, que a cidade se expande a partir de seu centro, estruturando-se em formas concêntricas. Assim, temos: comércio > residências pobres/crimes > residências um pouco melhores > residências de luxo > classes média e alta ("sucessão", importante princípio ecológico).

A Escola de Chicago e a Ecologia Criminal observam a relação entre o meio e a criminalidade, trabalhando a teoria das zonas concêntricas, ou seja, análise do processo de expansão das cidades e a relação deste processo com o nascimento do comportamento criminoso (os focos de criminalidade se distribuem de maneira diferenciada na expansão social). Na constituição dos grandes centros urbanos tem-se o comércio que se expande para as residências mais pobres, residências de classe média, residências de classe média alta e, por fim, zonas de luxo. Logo, tem-se zonas concêntricas. Assim, as residências de luxo estariam nas regiões mais afastadas do centro, ao passo que as regiões mais pobres estariam situadas próximas aos grandes centros comerciais.

Esta lógica é um pouco diferente do que se observa na realidade do continente Americano (as pessoas mais ricas se situam no entorno dos centros urbanos e nas regiões mais afastadas tem-se as regiões mais pobres). Zaffaroni já falava da figura do ser marginal, como um sujeito que está à margem tanto espacialmente, quanto política e socialmente. A lógica na Escola de Chicago seria diferente. Nas zonas mais pobres haveria probabilidade maior da prática delitiva do que nas zonas mais ricas e afastadas dos grandes centros comerciais.

Entende-se, então, que com a escola de Chicago, a Criminologia abandonou o paradigma até então dominante do positivismo criminológico, do delinquente nato de Lombroso, passando a focar nas influências que o ambiente, e no presente caso, que as cidades podem ter no fenômeno criminal. (Calhau, 2009)

Ganhou-se qualidade metodológica, já que com os estudos da escola de Chicago criou- se também o ambiente cultural para as teorias que se sucederam e que são a feição da moderna Criminologia.

Foi a sociologia americana, em **especial com** a escola de Chicago, que passou a utilizar os *socialsurveys* (inquéritos sociais) na investigação da criminalidade, sendo um importante instrumento para o conhecimento do índice real da criminalidade de uma cidade ou bairro. (CALHAU, 2009).

Teorias estrutural-funcionalistas

A teoria estrutural-funcionalista foi introduzida por Émile Durkheim e desenvolvida por Robert K. Merton, como teoria da anomia ("Nomus" relativo à norma e "a" como uma negação). Segundo Alessandro Baratta, esta teoria constitui a primeira alternativa clássica à utilização das características biopsicológicas do delinquente e, em razão disso, também uma alternativa à variante positivista do princípio do bem e do mal (BARATTA, 2004).

Durkheim sustenta que o crime não constitui uma enfermidade social, mas, sim, um elemento funcional da vida social, pois presentes em todas as sociedades, de modo que somente seriam patológicas as suas formas anómalas, como no caso de seu excessivo incremento. Por essa perspectiva, desenvolve seu raciocínio para concluir que o desvio individual se torna instrumento de transformação e renovação social (BARATTA, 2004).

Ao desenvolver a teoria de Durkheim, Robert Merton interpreta o desvio como um produto da estrutura social, que é tão normal quanto o próprio comportamento conforme as regras e valores predominantes. Com isso, defende que a sociedade não apenas produz um efeito repressivo, mas também estimulante, motivando tanto comportamentos conforme normas e valores, como comportamento desviados, tendo ambos a mesma natureza (BARATTA, 2004).

Como se vê, a teoria estrutural-funcionalista parte da premissa de que falta coesão e ordem na sociedade, de modo que normas nem sempre refletem os valores sociais, provocando uma falta de identidade social. Assim, em determinadas situações, o indivíduo vai se identificar com seus próprios interesses mais do que com os interesses do grupo. O crime seria uma forma individual de adaptação no quadro de uma sociedade agónica em face de meios escassos.

Logo, tem-se uma sociedade em que os meios são escassos, que vive situação de intensa escassez e, diante disso, tem-se o desmantelamento dos valores sociais, a sobreposição dos interesses do indivíduo em detrimento dos valores sociais. Como uma forma de sobreviver, o indivíduo irá encontrar no crime a sua forma de atuação. Cuida-se, pois, de uma teoria de consenso.

Em síntese, a teoria estrutural-funcionalista defende que (i) não se deve buscar as causas dos desvios nos fatores bioantropológicos e naturais, tampouco na situação patológica da estrutura social; (ii) o desvio é um fenómeno normal da estrutura social; (iii) o desvio somente será negativo para a existência e desenvolvimento da estrutura social se forem ultrapassados determinados limites, gerando um estado de desorganização, de modo que todo o sistema de regras de conduta perca o valor, enquanto ainda não se tenha afirmado um novo sistema (que é a chamada situação de "anomia") (BARATTA, 2004).

Memória do capítulo 11.

Teorias do consenso.
Crime como fenômeno coletivo através de manifestações individuais.

Criminologia tradicional (pensamento positivista).
Características: consenso, determinação causal, método experimental, crime como defeito individual (patológico ou de subsocialização), propostas de correção pessoal ou de reformas sociais.

Escola de Chicago.
Teoria da ecologia criminal (*gradient tendency*).
Série de círculos concêntricos (zonas: central (lojas, bancos, armazéns, órgãos públicos, fábricas); transição (guetos); residencial (trabalhadores pobres e forasteiros); classe média; elite socioeconômica.
Método: inquéritos sociais, análises biográficas individuais, desenho de perfis de carreiras delitivas.
Propostas: programas comunitários de recreação, lazer, esporte, escotismo, reurbanização de bairros pobres com melhoria da estética e do padrão de moradia.

Associação diferencial.
Criminalidade: aprendida e apreendida através da convivência (convívio-aprendizado).
A convivência conduz à pratica de crimes semelhantes ao dos seus pares (ideia das subculturas criminais).

Anomia.
Matiz estrutural-funcionalista.
Sociedade: corpo orgânico articulado; interação com valores e regras comuns.
Crime como normalidade e produto da própria estrutura social.
Conduta desviante como falha do estado gerando disfunção.

Sociedade estabelece metas mas não disponibiliza os meios legais para que todos as alcancem.

Conflito cultural: sistema de valores em antítese com outro.

Subcultura delinquente.

Premissas: caráter pluralista e atomizado da ordem social; positivação da conduta desviada; e semelhanças estruturais entre comportamentos regulares e irregulares.

Identificadores: não utilitarismo da ação; malícia da conduta; negativismo.

Reação de minorias (tribos) desfavorecidas.

Técnicas de neutralização.

Racionalização da conduta marginal que visa neutralizar a vigência dos valores e regras sociais reinantes.

Manutenção do vínculo com a cultura oficial com reconhecimento de algumas regras.

Pilares básicos: a) exclusão da responsabilidade própria colocando-se em posição de vítima dos mecanismos sociais; b) negação da ilicitude entendendo as atuações apenas como proibidas, mas não criminosas, imorais ou destrutivas; c) sujeito passivo do crime como merecedor do mal ou prejuízo impingido; d) reversão da ideia de condenação conferindo qualidades negativas aos órgãos oficiais de repressão criminal; e) busca de socorro nas instâncias marginais.

Temática do capítulo 11. Consultar:

Davi de Paiva Costa Tangerino. Aplicações ecológicas à São Paulo no final do século XIX. *In* Alvino Augusto de Sá e outros. **Criminologia no Brasil – História e aplicações clínicas e sociológicas**. Rio de Janeiro: Elsevier Editora Ltda., 2011.

Juarez Cirino dos Santos. **Os discursos sobre crime e criminalidade**. (Arquivo do autor).

Nestor Sampaio Penteado Filho. **Manual esquemático de criminologia**. 2 ed., São Paulo: Saraiva, 2012.

Newton Fernandes e Valter Fernandes. **Criminologia integrada**. 3ª ed., rev. atual, ampl. São Paulo: Editora Revista dos Tribunais, 2010.

Nilo Batista. **Introdução crítica ao direito penal brasileiro**. 11ª ed. Rio de Janeiro: Revan, 2007.

Roberto Lyra Filho. **O que é o direito**. 11ª ed. Editora Brasiliense: São Paulo.

Salo de Carvalho. **Antimanual de Criminologia**. 5ª ed., São Paulo: Editora Saraiva, 2013.

Sérgio Salomão Shecaria. **Criminologia**. 4ª ed. São Paulo: Editora Revista dos Tribunais, 2012.

Thais Bandeira e Daniela Portugal. **Criminologia**. Salvador: UFBA, 2017.

Capítulo 12 – Teorias do conflito.

Sumário: Teorias do conflito: crítica e radical.

Teorias do conflito.

As teorias do conflito (crítica e radical), de cunho inquisitivo e argumentativo, contrapõem-se ao pensamento criminológico tradicional.

Sustentava-se anteriormente ser a conduta delituosa objetivamente um ente natural e até preexistente às normas penais que o definiam num mero exercício de reconhecimento (consenso social).

Os novos estudos da nossa ciência entendem repousar o jogo social na força e na coerção estabelecida numa relação entre dominantes e dominados. Como premissas tem-se que as sociedades são sujeitas a mudanças dialéticas e nelas prevalece a luta de classes ou de ideologias.

Essa nova forma de pensar a criminologia tem como pano de fundo os acontecimentos desdobrados a partir dos anos sessenta do século passado. É um período marcado por intensas modificações no mundo e onde a juventude luta por alterações econômicas, sociais e políticas.

A rebeldia do jovem faz nascer, como observa Shecaira,

> "um potencial crítico e criativo, um idealismo marcante e abrangente, uma força transformadora"[55]

que desagua numa criminologia radical. O mencionado autor discorre bem sobre os antecedentes:

> "A teoria crítica tem sua origem mediata no livro *Punição e estrutura social* de Georg Rusche e Otto Kirchheimer. O livro veio a lume em Nova York, já que seus autores tinham sido obrigados a emigrar em função da perseguição nazista. É o resultado mais bem acabado do

---

[55] Sérgio Salomão Shecaira, Criminologia. 4. ed., São Paulo: Editora Revista dos Tribunais, 2012, pág. 279.

pensamento então vigente na chamada 'Escola de Frankfurt'. À época, a influência marxista ainda era consideravelmente forte, razão pela qual as ideias dos autores estavam calcadas no raciocínio do pensador alemão, em que se relacionam as manifestações superestruturais como decorrência lógica da forma de produção. A história das penas é desnudada com precisão, mostrando os autores a interrelação existente entre os mecanismos punitivos com a forma de produzir e vender mercadorias. A prisão é relacionada ao surgimento do capitalismo mercantil. Rusche e Kirchheimer demonstram como foram abolidas as formas punitivas que envolviam o sacrifício do corpo dos criminosos, passando-se à disciplina da mão de obra com interesses econômicos. Se o livro tem importância inescondível, não teve a repercussão merecida em sua época. Isso porque a Europa mergulhou na guerra, que acabou envolvendo os Estados Unidos, ficando o mundo muito mais envolvido com o deslinde da guerra do que propriamente com a discussão acadêmica proposta na obra. No entanto, ainda não são poucos os autores, como Lola Anyar de Castro, que relacionam prisão à política. A base desse pensamento é o seguinte silogismo: se a lei é um ato político, sua infração é delinquência política e, em consequência, todo preso é preso político". (Matar com a prisão, o paraíso legal e o inferno carcerário: os estabelecimentos, concordes, seguros e capazes. *Depois do grande encarceramento,* p. 87[56]).

Criminologia crítica.

Ao analisarmos a concepção multifatorial da delinquência dissemos que a etiologia do ilícito marca indelevelmente a história da criminologia. Porém o olhar sociológico da criminologia tem-se deslocado também para outros ângulos: a conduta delitiva, a vítima e o controle social. O delinquente assim passa ser é examinado em suas interdependências sociais como unidade biopsicossocial. Até aí não há inovação no que se refere à procura duma etiologia do delito.

Para melhor entender as questões precisamos fixar alguns pontos.

Temos uma transição do direito penal clássico para o nascimento da criminologia a partir do positivismo e fazendo também resultar a antropologia criminal. Portanto ao longo da história da criminologia ocorreram mudanças conceituais e epistemológicas. Entende-se a partir

---

[56] Idem, págs. 237 a 249.

desse momento que as normas de convívio social derivam de consenso em torno de valores e objetivos comuns. O criminoso destarte é apenas aquele que infringe normas jurídicas e não o portador de anomalias. Segue-se a isso uma mudança radical no referencial teórico e se prega que essa ficção é apenas legitimadora da ordem social vigente. O crime passa a ser encarado como uma criação do estado podendo inclusive se modificar ao longo do tempo e das mudanças sociais.

Dois férteis segmentos são estabelecidos em consequência dessa nova visão: a) teorias do consenso (funcionalistas: escola de Chicago, da associação diferencial, da anomia, da subcultura delinquente) vistas no capítulo anterior; e b) teorias do conflito, a crítica e a radical.

As teorias do conflito são inquisitivas e argumentativas, debruçando-se sobre o delito e seu controle social abrindo um novo capítulo nessa ciência; inclusive questionando sua própria legitimidade.

Conforme dito anteriormente as teorias consensuais partem do pressuposto de que a sociedade precisa funcionar com harmonia entre instituições e indivíduos todos vivenciando metas sociais comuns.

Abrigam-se aí as teorias estruturais-funcionalistas nascidas com Emile Durkheim afirmando ser o crime produzido pela própria estrutura da sociedade. O fenômeno torna-se necessário para a coesão social e portanto exerce função salutar dentro do sistema. Como decorrência o ilícito não pode ser tido por anomalia ou moléstia social. A ocorrência de delito desencadeia reação contrária reafirmando os liames sociais ratificadores da norma.

Assim a conduta desviada tem função reguladora a ser mantida dentro de limites toleráveis. Ocorrendo a extrapolação advém um estado de desorganização em que o ordenamento normativo perde efetividade: é a anomia causadora de desagregação e deterioração social.

O resultado da nova visão é não mais encarar o criminoso como alguém anormal cujo agir apresenta-se como patológico. As novas reflexões produzem efeito sobre o dogma do sistema penal como recuperador dos desviados.

Procura-se então estudar o atuar do sistema penal definindo a norma e a reação estatal exercidas pelas malhas oficiais de repressão e prevenção.

Observa-se que o desviado é um dependente da ação ou da omissão das agências estatais de controle social. Verifica-se que tais organismos agem baseados em orientações normativas e o indivíduo somente é tratado como criminoso a partir do momento que é retido pelas suas malhas. Portanto ser criminoso não implica necessariamente em praticar atos ilícitos mas ser alcançado pela atuação das referidas agências seletivas.

De outro ângulo as teorias do conflito pregam que a ordem estabelecida traduz o conflito de interesses de grupos antagônicos onde prevalece a vontade do dominador. Abandona-se a ideia de contemplar a realidade abstrata do ilícito como sendo fato concreto. O delito agora passa a ser encarado como realidade apenas normativa moldada pelo sistema social gerador da edição, vigência e aplicação das leis criminais.

É nesse quadrante das teorias do conflito que encontramos a esquerda idealista respondendo pela sociologia do desajuste onde situam-se Pearson e Goffman. Tal seguimento observa o ilícito como sendo uma rebelião política primitiva (expressão da liberdade) em razão de falhas nos mecanismos de socialização. Trata-se de viés subjetivista e romântico desconsiderando a estrutura de classes e não identificando as relações de poder e exploração econômica do sistema capitalista. Entende Goffman que as instituições como prisões e hospitais corroem a identidade do indivíduo através de táticas impositivas e opressoras.

De outra banda poderíamos entender que também engrossa a fileira das hipóteses do conflito a ideia da rotulação (interacionista, reação social, *labeling approach*). Isto porque enxerga as práticas sociais e a personalidade como construção social.

Essa teoria entende o controle social como produtor do ilícito. Diz ela que a lei elege comportamentos tidos como irregulares conforme os interesses sociais e relaciona estigmatização criminal com carreira criminosa. Assim se terá uma criminalização primária produzindo rotulação que acarreta criminalizações secundárias por assimilação de características grupais resultando em subculturas.

Magistra ainda que o sistema criminal exerce pressão para a permanência do indivíduo no papel social (marginal e marginalizado) atribuído. Resultante disto o sujeito estigmatizado reforça a identidade desviante. O sistema legal torna-se criador e reprodutor da violência e da criminalidade.

As teorias críticas tornaram-se importantíssimas para o avanço da ciência criminológica notadamente com a construção duma visão materialista voltada para o ângulo econômico-político. Assim pensa Alessandro Baratta:

"Quando falamos de 'criminologia crítica' e, dentro deste movimento tudo menos que homogêneo do pensamento criminológico contemporâneo, colocamos o trabalho que se está fazendo para a construção de uma teoria materialista, ou seja, econômico-política, do desvio, dos *comportamentos socialmente negativos* e *da* criminalização, um trabalho que leva em conta instrumentos conceituais e hipóteses elaboradas no âmbito do marxismo, não só estamos conscientes da relação problemática que subsiste entre criminologia e marxismo, mas consideramos, também, que uma semelhante construção teórica não pode, certamente, ser derivada somente de uma interpretação dos textos marxianos, por outro lado muito fragmentários sobre o argumento especifico, mas requer um vasto trabalho de observação empírica, na qual já se podem dizer adquiridos dados assaz importantes, muitos dos quais foram colhidos e elaborados em contextos teóricos diversos do marxismo. Por outro lado, os estudos marxistas sobre o argumento se inserem em um terreno de pesquisas e de doutrinas desenvolvidas nos últimos decênios, no âmbito da sociologia *liberal* contemporânea, que prepararam o terreno para a criminologia crítica."[57]

Criminologia radical.

Novel posicionamento inscreve-se no ramo do conflito com a criminologia radical. Aceita ela a hipótese de repousar o funcionamento social na força e na coerção estabelecida através duma relação entre dominantes e dominados. Como premissa tem-se que as sociedades são sujeitas a mudanças dialéticas prevalecendo nelas a luta de classes ou de ideologias.

Esse desencontro insere-se no âmbito da globalização capitalista com a divisão internacional do trabalho e mundialização do comércio e produção considerando a polarização antagônica entre países desenvolvidos (industrializados) e subdesenvolvidos (dependentes).

Essa vertente nasceu embasada nas ideias dialéticas do materialismo histórico reconhecendo a existência da sociedade de classes esposada por Marx e Engels (veja-se a criação do grupo europeu para o

---

[57] Alessandro Baratta. Criminologia crítica e crítica ao direito penal. 3ª ed., Rio de Janeiro: Editora Revan, 1999, p. 159.

estudo do desvio e do controle social, Florença em 1972; e a obra *A Nova Criminologia* escrita por Taylor, Walton e Young, 1973). Admite-se aí que o direito penal burguês é formatado para dar suporte à ideologia capitalista. Os instrumentos repressivos de controle social criados pelo estado nesse momento histórico revelam a opressão dos detentores dos meios de produção sobre a classe trabalhadora. Por via de consequência o direito criminal capitalista apresenta-se despido de qualquer finalidade transformadora da sociedade para um viver harmônico. Ao revés torna-se instrumento de manutenção do *status quo* denotando caráter seletivo destinado predominantemente às classes oprimidas e muito raramente atuando em desfavor da classe dominante.

Com esse posicionamento adota-se a análise crítica das superestruturas política e jurídica com base no arcabouço estrutural da relação de classes nos processos produtivos. Reforçando: faz-se a distinção entre a ordem social imaginária (ideologia dominante com as ideias de proteção geral e igualdade legal) e a ordem social real (opressiva, classista e desigual) onde repousa o fenômeno criminoso a ser superado com a eliminação das disparidades sociais.

Assim pensa Juarez Cirino dos Santos dizendo que a criminologia deve abandonar o tradicionalismo de ciência social neutra porquanto se vincula necessariamente à política. O fenômeno social e a ideologia estão intimamente relacionados. Desconsiderar a carga de valores na análise do comportamento ilícito é pactuar com a estrutura de dominação. A criminologia deve ver o indivíduo que age ilicitamente como inserido nas estruturas sociais. Ele não é inimigo da sociedade e deve ter os direitos fundamentais respeitados. Escreve ele:

> "São tarefas complementares da política criminal alternativa da Criminologia Radical (a) conjugar os movimentos de presos com as lutas dos trabalhadores, (b) inverter a direção ideológica dos processos de formação da opinião pública pela intensificação da produção científica radical e a difusão de informações sobre a ideologia do controle social, (c) coordenar as lutas contra o uso capitalista do Estado e a organização capitalista do trabalho e (d) desenvolver o contrapoder proletário".[58]

---

[58] Juarez Cirino dos Santos. A Criminologia Radical. 3ª ed., Curitiba: ICPC, Lumen Juris, 2008. p´132.

Além do referido autor destacam-se nessa mesma linha: Rosa del Olmo, Argenis Riera, Lola Aniyar, Emiro Sandoval, Roberto Bergalli e Roberto Lyra Filho.

Leitura complementar do capítulo 12.

Teoria crítica – Sérgio Salomão Shecaira.

Sérgio Salomão Shecaira. **Criminologia**. 4ª ed. rev. e atual., São Paulo: Editora Revista dos Tribunais, 2012.
(Págs. 309 a 311)

TEORIA CRÍTICA

9.3 Um enfoque final e notas conclusivas: a contribuição da teoria crítica

Dentre as principais contribuições teóricas da criminologia crítica está o fato de que o fundamento mais geral do ato desviado deve ser investigado junto às bases estruturais econômicas e sociais, que caracterizam a sociedade na qual vive o autor do delito. Vale dizer, a perfeita compreensão do fato delituoso não está no fato em si, mas deve ser buscada na sociedade em cujas entranhas podem ser encontradas as causas últimas da criminalidade. O fundamento imediato do ato desviado é a ocasião, a experiência ou o desenvolvimento estrutural que fazem precipitar esse ato não em um sentido determinista, mas no sentido de eleger, com plena consciência, o caminho da desviação como solução dos problemas impostos pelo fato de viver em uma sociedade caracterizada por contradições (psicologia social do delito).[59]

A partir do momento em que se passaram a usar os direitos humanos para marcar o comportamento criminoso, muitos começaram a se perguntar se existem violações de tais direitos que são mais fundamentais do que outras, e designar aqueles direitos como mais relevantes para o domínio da criminologia. Direitos básicos são diferenciados porque o seu preenchimento é essencial para a efetivação de uma grande quantidade de valores. Evidentemente que para um homem morto desaparece toda a possibilidade de realizar qualquer de suas potencialidades humanas. Afirmações similares podem ser feitas a respeito dos direitos de igualdade racial, de género, de sexo e de poder

---

59 BERGALLI, Roberto. Propostas críticas concretas. *El pensamiento criminológico:* un análisis crítico, vol. I, p. 228.

econômico. A ab-rogação desses direitos certamente limita a oportunidade de o indivíduo realizar-se em muitas esferas da vida. Esses direitos, portanto, são básicos e necessitam ser criminalmente protegidos. Do mesmo modo, relações e sistemas sociais que causam a ab-rogação desses direitos são igualmente criminosos. Se os termos racismo, discriminação sexual, discriminação de gênero e pobreza são signos abreviados para teorias de relações sociais ou sistemas sociais que determinam a sistemática negação dos direitos básicos, então tais signos podem ser chamados crimes segundo a lógica desse argumento.[60] Quando essas afirmações apareceram pela primeira vez, nos anos 70 do século passado, elas causaram certo pasmo. Seriam necessárias modificações legais dos crimes, quando a magnitude da injúria social causada pelo imperialismo, racismo, discriminações de gênero, de sexo e crimes decorrentes da pobreza fosse mais lesiva que os atos individuais praticados. Em outras palavras, uma das principais contribuições dos teóricos críticos para a modificação do direito penal está, exatamente, em mudar o paradigma das criminalizações. A proposta para o processo criminalizador (incriminação legal), a partir da visão crítica, objetiva reduzir as desigualdades de classe e sociais. Esta visão faz repensar toda a política criminalizadora do Estado, que deve assumir uma criminalização e penalização da criminalidade das classes sociais dominantes: criminalidade econômica e política (abuso de poder), práticas antissociais na área de segurança do trabalho, da saúde pública, do meio ambiente, da economia popular, do patrimônio coletivo estatal e – não menos importante – contra o crime organizado.[61] Esse tipo de perspectiva não só deu ensejo a uma grande campanha pela criminalização dos bens jurídicos difusos, como também contribuiu para a criação de instrumentos legais, substantivos e adjetivos, na proteção desses valores. Nesse sentido, a simples existência de legislações penais protetivas do meio ambiente e da ordem econômica, financeira e tributária, por exemplo, com os consectários instrumentos processuais (ação civil pública, mandado de segurança coletivo etc.), é uma demonstração da esfera de influência legal da teoria crítica.

---

60 SCHWENDINGER, Hermán; SCHWENDINGER, Julia. Defensores da ordem ou guardiães dos direitos humanos? In: TAYLOR; WALTON; YOUNG, *Criminologia...* cit., p. 174.
61 SANTOS, Juarez Çirino dos. *A criminologia...* cit, p. 83.

A criminologia crítica distingue, pois, entre os crimes que são expressão de um sistema intrinsecamente criminoso (criminalidade do colarinho-branco, racismo, corrupção dos agentes estatais, crime organizado, belicismo) e o crime das classes mais desprotegidas.[62] Para aqueles, defende-se uma maximização da intervenção punitiva (nas origens defendeu-se a própria intervenção punitiva, já que muitas dessas condutas não eram criminalizadas); para estes, ao contrário, defende-se uma minimização da intervenção punitiva, quando não a própria descriminalização da conduta, bem como a substituição das sanções estigmatizantes por não estigmatizantes na pequena criminalidade pessoal/patrimonial. Entre as normas que estiveram na mira dos críticos podemos mencionar as referentes a blasfêmia, adultério, incesto, homossexualismo, sodomia, prostituição, aborto, mendicância, vadiagem, toxicomania, pequenos delitos patrimoniais (furtos de supermercados, pequenas trapaças etc.).[63]

Uma última palavra está a ser dita sobre qual opção cabe ao criminólogo: criticar ou construir? Na primeira geração da criminologia crítica a opção era muito clara. Não competia ao estudioso desta ciência resolver convenientemente os problemas, senão apresentá-los para discussão.[64] Mas, desde a aparição, em 1984, do livro *What is to be done about law and order? Crisis in the eighties*, de Lea e Young, a divisão entre os criminólogos chamados críticos tornou-se insuperável: o delito é um problema para as classes sociais mais débeis da sociedade; desconhecer este fato supõe deixar o terreno abandonado para que os setores conservadores se apresentem como paladinos da 'lei e ordem'; a tarefa da criminologia passa a ser a luta contra o delito e para este combate deve recuperar-se a polícia, utilizar o sistema penal e elaborar, ao mesmo tempo, um programa de controle do pequeno delito, de forma democrática e multiinstitucional.[65] Ou, em outros termos, com a queda

---

62 DIAS, Jorge de Figueiredo; ANDRADE, Manuel da Costa Andrade. Op. cit., p. 62.

63 SANTOS, Juárez Cirino dos. A *criminología...* cit., p. 83; HULSMAN, Louk. Descriminalização (Relatório apresentado ao Coloquio do XI Congresso de Internacional de Direito Penal de 1973). Revista de Direito Penal, n. 7, p. 25.

64 TAYLOR et al. *La nueva...* cit., p. 296.

65 LARRAURI, Elena. *La herencia de la criminología crítica,* p. 197.

do Muro de Berlim e a desestruturação dos países do 'socialismo real' do Leste Europeu, que inviabilizam os grandes objetivos de transformação social ou colocam definitivamente fora de alcance grandes e reais transformações, os pequenos experimentos de alternativas ao cárcere devem ser pensados, ainda que desemboquem em uma sociedade *disciplinária*.[66] Esta atitude, naturalmente, pode trazer consigo o risco de colaboração com a reprodução ideológica, com uma espécie de legitimação do sistema punitivo vigente, como ocorreu no passado, quando no interior do discurso oficial do sistema falou-se, inclusive, do direito penal mínimo. Assim, se não há condições políticas e culturais para a realização em curto e médio prazo de um programa abolicionista em nossas sociedades, não se pode deixar de lado a crítica, enquanto instrumento e meio, para que se tenha uma ampla política de descriminalização, acompanhada da experimentação, com intervenções alternativas à da Justiça Criminal *(diversión),* para que a concretização de reformas possa diminuir a distância até a meta final.[67] Ter a crítica como guia, porém sem perder a ideia do que está por ser construído dentro dos paradigmas da sociedade vigente.

Ninguém desconhece; pois, o que a teoria crítica permitiu construir: desde as respostas alternativas ao pensamento tradicional, com o aprofundamento da crítica iniciada com a teoria da rotulação social, até uma grande modificação na feição do direito penal contemporâneo, com intervenções diferenciadas, conforme a relevância do bem jurídico. Não se pode, pois, ignorar que toda essa transformação advém do instrumental crítico e transformador de que fizeram uso esses teóricos radicais.

---

66 Idem, p. 193.
67 MARTÍNEZ SÁNCHEZ, Mauricio. *¿Quépasa...* cit., p. 144.

Memória do capítulo 12.

Teorias do conflito: crítica e radical.

Teoria crítica.
Inquisitiva e argumentativa; estruturail-funcionalista.
Atuação do sistema penal: norma e reação estatal.
Ordem estabelecida: conflito de interesses antagônicos.
Delito: realidade normativa (edição, vigência e aplicação das leis criminais).
Sociologia do desajuste.

Teoria radical.
Funcionamento social: força e coerção (relação dominantes/dominados).
Sociedades: mudanças dialéticas (luta de classes).
Globalização capitalista: divisão internacional do trabalho
Polarização antagônica: países desenvolvidos e subdesenvolvidos.
Ideias dialéticas do materialismo histórico.
Opressão dos detentores dos meios de produção sobre classe trabalhadora.
Direito criminal capitalista: instrumento de manutenção do *status quo*.
Análise crítica das superestruturas política e jurídica.

Temática do capítulo 12. Consultar:

Alessandro Baratta. **Criminologia crítica e crítica ao direito penal**. 3ª ed., Rio de Janeiro: Editora Revan, 1999.

Juarez Cirino dos Santos. **A Criminologia Radical**. 3ª ed., Curitiba: ICPC, Lumen Juris, 2008.

Juarez Cirino dos Santos. **Os discursos sobre crime e criminalidade**. (Arquivo do autor).

Michel. Foucault. **Vigiar e punir: nascimento da prisão**. Petrópolis: Vozes, 1987.

Nestor Sampaio Penteado Filho. **Manual esquemático de criminologia**. 2 ed., São Paulo: Saraiva, 2012.

Newton Fernandes e Valter Fernandes. **Criminologia integrada**. 3ª ed., rev. atual, ampl. São Paulo: Editora Revista dos Tribunais, 2010.

Nilo Batista. **Introdução crítica ao direito penal brasileiro**. 11ª ed. Rio de Janeiro: Revan, 2007.

Salo de Carvalho. **Antimanual de Criminologia**. 5ª ed., São Paulo: Editora Saraiva, 2013.

Sérgio Salomão Shecaria. **Criminologia**. 4ª ed. São Paulo: Editora Revista dos Tribunais, 2012.

Thais Bandeira e Daniela Portugal. **Criminologia**. Salvador: UFBA, 2017.

Anexo

Questões objetivas (capítulos 1 a 3).

Histórico da ideia de crime e da criminologia: Mesopotâmia, Grécia, Roma, Medievo e direito canônico. Criminologia pré-científica. Criminologia científica.

Gênese da legislação criminal no Brasil. Código criminal de 1830. Código penal de 1890. Consolidação das leis penais de 1932. Código penal de 1940. Código penal de 1969. Reforma da parte geral do código penal em 1984.

Conceito de crime (jurídico-formal, jurídico-material, sociológico, antropológico). Contravenções penais e infrações de menor potencial ofensivo. Crime e sua etiologia.

Questões.

1 – Para entender a história da criminologia deve-se buscar os primórdios do pensar acerca do fenômeno criminógeno. Isto pode ser feito através de apanhado histórico sobre sistemáticas jurídicas, seus crimes e suas penas. Entre os rios Tigre e Eufrates desenvolve-se a civilização mesopotâmica. Os povos ali estabelecidos aprenderam a expressar suas ideias através duma escrita conhecida como cuneiforme, utilizada por sumérios, elamitas, semitas, assírios, hititas e persas. Constata-se nesse período uma sociedade complexa equipada com sistemas jurídicos. Avulta aí o registro material dum dos seus códigos, o de Hamurabi.

Relativamente ao código citado não podemos afirmar que ele:

a) continha muitas referências ao comércio, onde o caixeiro viajante ocupara lugar importante, e também regulamentava a família, não se incluindo aí o adultério e o incesto.

b) propunha a implantação da justiça na terra, a destruição do mal, a prevenção da opressão do fraco pelo forte de forma a propiciar o bem estar do povo e iluminar o mundo. Essa legislação estendeu-se pela Assíria, pela Judéia e pela Grécia.

c) estabelecia regras relativas à propriedade, ao trabalho e à escravidão, bem como institui três categorias sociais, sendo a mais alta delas, a dos homens livres, merecedora de maiores compensações por injúrias, porém arcava com as multas mais pesadas por ofensas.

d) quanto ao aspecto criminal fazia valer a *lex talionis* (lei do talião): olho por olho, dente por dente. Aí a pena de morte era largamente aplicada; seja na fogueira, na forca, por afogamento ou empalação. A mutilação era infligida de acordo com a natureza da ofensa.

Resposta.[68]

2 – Leia com atenção as asseverações que se seguem.

I – O terceiro código penal brasileiro foi instituído através do decreto-lei nº 2.848 — em 7 de dezembro de 1940 — durante a ditadura de Getúlio Vargas.

II – Do ponto de vista legislativo a existência do direito criminal no território brasileiro inclui o livro V das ordenações do rei Felipe II da Espanha datada de 1603.

III – O atual código penal vem sofrendo várias alterações no texto primitivo a exemplo da lei nº 7.209 de 11 de julho de 1984 onde alterou-se substancialmente toda a sua parte contravencional.

IV – O livro V das ordenações filipinas é bem representativo do direito penal da vingança pública e com tratamento desigual entre as pessoas em razão da origem ou posição social.

V – Com a separação política entre Brasil e Portugal surge do código criminal do império – 16 de dezembro de 1830 – apresentando-se como normatização bastante avançada para a época e em razão disto chegou a inspirar os novos códigos penais da Espanha (1848) e de Portugal (1852).

VI – Durante a ditadura militar iniciada em 1964 os detentores do poder político determinaram estudos visando a elaboração de novos códigos reguladores da área criminal, quais sejam: penal, processual penal, penal

---

[68] Questão 1: a.

militar, processual penal militar e lei de execução penal. Daí nasce o quarto código penal brasileiro através do decreto-lei nº 1.004 — com data de 21 de outubro de 1969 — reformado através da lei nº 7.209 de 11 de julho de 1984.

Agora responda. Dentre as afirmativas acima são falsas:

a) uma.
b) duas.
c) três.
d) quatro.

Resposta.[69]

3 – Leia atentamente as asseverações que se seguem.

I – Tipicidade é a correlação entre o fato concreto e a norma jurídica (subsunção).
II – Se uma conduta não atinge bem jurídico protegido não configura infração penal.
III – Culpabilidade implica na motivação subjetiva do agente praticante da conduta ilegal.
IV – Fato típico é aquele ajusta-se inteiramente à descrição legal constante de lei criminal e em razão dessa contradição ele apresenta-se como jurídico.
V – Fenomenologia afirma a importância dos fenômenos da consciência os quais devem ser estudados em si mesmos como objetos ideais que existem na mente e cada um designado por uma palavra que representa a sua essência.
VI – A biologia, a criminologia, a psicologia, a medicina e várias outras ciências possuem, em seu campo de atuação, a presença de conhecimento etiológico visando à busca das consequências que deram origem ao seu objeto de estudo.

Agora responda. Dentre as afirmativas acima verdadeiras apenas:

---

[69] Questão 2: b (são falsas: III, e VI).

a) duas.
b) três.
c) quatro.
d) cinco.

Resposta.[70]

4 – O primeiro elemento a ser observado a partir da rubrica do título II do código penal e do artigo 13 que se segue é a noção de *crime*. Outra noção sobre o tema advém-nos da introdução ao código penal e às contravenções penais. Acerca dessa temática observe as afirmativas adiante.

I – As contravenções penais são sempre consideradas como detentoras de ofensividade mais branda, são os chamados delitos anões (*delitti nani*) no dizer dos italianos.

II – Em razão do estabelecido no artigo 1º do código penal somente haverá crime a partir de lei anterior que o defina. Tal mandamento contém em si dois princípios fundamentais, o da *reserva legal* e o da *anterioridade*.

III – Entende-se como crime (do ângulo jurídico-formal) aquele comportamento humano descrito em lei; praticado comissiva ou omissivamente e que contraria interesse do estado; realizado livre e conscientemente por alguém culpável.

IV – O critério utilizado pela introdução ao código penal e às contravenções penais mostra-se bastante claro, notadamente em relação à atual normatização criminal. Observe-se a existência de crimes a que são cominadas somente pena de multa.

V – Formalmente havendo uma lei criminal tipificando certa conduta, se ausente qualquer cláusula de exclusão da ilicitude, haverá ilícito. E mesmo sendo o bem importante e necessário, porém não havendo uma lei penal protetora, não existirá delito por conta do princípio da legalidade.

Agora responda. Dentre as afirmativas acima são verdadeiras:

---

[70] Questão 3: c (são verdadeiras: I, II, III e V).

a) duas.
b) três.
c) quatro.
d) cinco.

Resposta.[71]

5 – Leia atentamente as asseverações que se seguem.

I – Crime é a conduta prevista por lei penal e ao qual se atribui uma pena.
II – A culpabilidade traduz se o sujeito ativo da conduta ilícita é penalmente culpável.
III – Tipo penal é a descrição dum fato ilícito estabelecido em lei criminal e ao qual se comina uma pena.
IV – Direito positivo é o conjunto de princípios e regras jurídicas que regem a vida social de determinado povo em uma certa época.
V – A antijuridicidade é um juízo de desvalor que recai sobre a conduta típica em razão de que assim o considera o ordenamento jurídico.
VI – A ontologia trata do ser enquanto ser, isto é, do ser concebido como tendo uma natureza comum que é inerente a todos e a cada um dos seres.

Agora responda. Dentre as afirmativas acima verdadeiras apenas:

a) duas.
b) três.
c) nenhuma.
d) todas.

Resposta.[72]

6 – Leia atentamente o que se segue.

Do ângulo jurídico-formal e à luz da lei criminal brasileira entende se como delito o comportamento humano tipificado legalmente, praticado

---

[71] Questão 4: c (são verdadeiras: I, II, III e V).
[72] Questão 5: d.

comissiva ou omissivamente, contrariando interesse do estado, realizado livre e conscientemente por alguém culpável;

e

observando esse fenômeno sociologicamente o entenderemos como uma quebra de regra costumeira, ou estabelecida em lei, causadora de incômodo social respondida com reprimenda.

Logo,

o fenômeno criminógeno há de ser visto em três ângulos fundamentais: delito, criminoso e pena.

Em relação ao silogismo acima, assinale a alternativa correta.

a) As premissas são verdadeiras e a conclusão é falsa.

b) As premissas são falsas e a conclusão é igualmente falsa.

c) A primeira premissa é falsa e a segunda é verdadeira, mas a conclusão é verdadeira.

d) As duas premissas são verdadeiras e a conclusão também.

e) A primeira premissa é verdadeira e a segunda é falsa, sendo a conclusão falsa.

Resposta.[73]

7 – Nestor Sampaio (Manual esquemático de criminologia. 2ª ed. São Paulo: Saraiva, 2012) — tratando sobre conceito, características e objeto da criminologia — lembra que Antonio García-Pablos de Molina afirma: na moderna criminologia o "crime deve ser analisado como um problema com sua face humana e dolorosa" e o espectro de ação da criminologia deve "alcançar também a vítima e as instâncias de controle social". Ademais acentua "a necessidade de prevenção, em contraposição à ideia de repressão dos modelos tradicionais", e "substitui o conceito de 'tratamento' (conotação clínica e individual) por 'intervenção' (noção mais dinâmica, complexa, pluridimensional e próxima da realidade social).

Ligado a essa temática leia as afirmativas que se seguem.

---

[73] Questão 6: a.

I – Embora tanto o direito penal quanto a criminologia se ocupem de estudar o crime, ambos dedicam enfoques diferentes para o fenômeno criminal.

II – O direito penal é ciência normativa, visualizando o crime como conduta anormal para a qual fixa uma punição. O direito penal conceitua crime como conduta (ação ou omissão) típica, antijurídica e culpável (corrente causalista).

III – A criminologia vê o crime como um problema social, um verdadeiro fenômeno comunitário, abrangendo elementos constitutivos, a saber: incidência massiva na população (não se pode tipificar como crime um fato isolado); incidência aflitiva do fato praticado (o crime deve causar dor à vítima e à comunidade); persistência espaço-temporal do fato delituoso (é preciso que o delito ocorra reiteradamente por um período significativo de tempo no mesmo território).

Agora responda. Dentre as afirmativas acima é(são) falsa(s):

a) uma.
b) duas.
c) três.
d) nenhuma.

Resposta.[74]

8 – Assinale a alternativa falsa.

a) Considerando-se a ótica da criminologia podemos entender o crime como uma realidade normativa estabelecida pelo sistema social objetivando o controle das condutas tidas por deletérias.

b) Os estudos acerca do fenômeno criminógeno ganham impulso qualitativo a partir da escola clássica e sua vertente antropológica.

c) A partir da escola antropológica ocorre importante mudança quanto ao objeto de preocupação da ciência criminal. A perspectiva passa a ser a do estudo e pesquisa científico-criminal do fenômeno do crime e notadamente do indivíduo criminoso.

---

[74] Questão 7: d.

d) E o criminoso, no positivismo, passa a ser objeto de estudo para a descoberta científica das causas que o levam a delinquir. A procura de causas explicativas para o agir criminoso em oposição às condutas conforme a lei resultou na negação do livre arbítrio.

Resposta.[75]

9 – A ideologia da defesa social burguesa adota alguns princípios e dentre eles não podemos apontar:

a) culpabilidade: o delito é expressão de uma atitude interior reprovável porque contrária aos valores e às normas, presentes na sociedade, mas nunca antes de serem sancionadas pelo legislador.
b) igualdade: a criminalidade é violação da lei penal e, como tal, é o comportamento de uma minoria desviante. A lei penal é igual para todos. A reação penal se aplica de modo igual aos autores de delitos.
c) finalidade (ou da prevenção): a pena não tem, ou não tem somente, a função de retribuir, mas a de prevenir o crime. Como sanção, abstratamente prevista pela lei, tem a função de criar uma justa e adequada contramotivação ao comportamento criminoso. Como sanção concreta exerce a função de ressocializar o delinquente.
d) interesse social e do delito natural: o núcleo central dos delitos definidos nos códigos penais das nações civilizadas representa ofensa de interesses fundamentais de condições essenciais à existência de toda sociedade. Os interesses protegidos pelo direito penal são interesses comuns a todos os cidadãos. Apenas uma pequena parte dos delitos representa violação de determinados arranjos políticos e econômicos e é punida em função da consolidação destes (delitos artificiais).

Resposta.[76]

---

[75] Questão 8: b.
[76] Questão 9: a.

Questões objetivas (capítulo 4).

Conceito de criminologia. Objeto e delimitação da criminologia. Criminologia no quadro das ciências humanas e interdisciplinaridade.

Questões.

1 – Para Shecaira a criminologia pode ser entendida como: "Estudo e a explicação da infração legal; os meios formais e informais de que a sociedade se utiliza para lidar com o crime e com os atos desviantes; a natureza das posturas com que as vítimas desses crimes são atendidas pela sociedade; e, por derradeiro, o enfoque sobre o autor desses fatos desviantes".

Partindo do conceito apresentado pelo aludido autor não podemos afirmar:

a) É possível perceber que a infração irá se relacionar com o autor do fato, com a vítima do crime e com os diferentes meios de controle social.
b) Um estudo completo do crime exige uma abordagem ampla e assim é possível falar na interdisciplinaridade pois o objeto de estudo da criminologia ultrapassa os limites dessa disciplina.
c) Dentro da lógica interdisciplinar afirma-se que a criminologia é ciência. É um saber científico diferente da dogmática e das ciências exatas, mas continua sendo um saber científico social com suas peculiaridades. Como ciência do "ser" não é uma ciência "exata". Ela não se apresenta com pretensões de segurança e de certeza inabaláveis.
d) O campo de estudo da criminologia é muito amplo e coincide inteiramente com a dogmática penal. A criminologia observa: a) de maneira ampla o crime em si; b) a interação entre o criminoso, a vítima, o controle social e de que maneira tais fatores interferirão no exame do fenômeno criminoso. Não se examina, então, o fato criminoso isoladamente, mas em conjunto.

Resposta.[77]

2 – Eugenio Raúl Zaffaroni na obra En torno de la cuestión penal (Buenos Aires: Julio César Faria Editor, 2005), diz (tradução livre): "Ao apresentar-se uma disciplina é fornecida uma definição para estabelecer seu horizonte de projeção ou limites epistemológicos (o objeto do qual se ocupa e consequentemente daquilo que não se ocupa), o método com que opera, etc. Em homenagem a essa tradição pode-se fornecer uma definição dizendo, por exemplo, que a criminologia é a análise crítica do conhecimento não estritamente jurídica sobre a questão criminal visando reduzir os níveis de violência que lhe são vinculados".

Considerando a definição em questão atente para as asseverações seguintes.

I – Um conceito da ciência criminológica implica no envolvimento do cientista no processo histórico-social onde atua simultaneamente como ator e observador.

II – A criminologia pode ser entendida como disciplina dedutiva trabalhado com análise de fatos concretos através da observação e da experimentação focando delinquente e meio.

III – Podemos entender a criminologia como área do conhecimento focada no fenômeno criminógeno identificando manifestações concretas e efeitos, bem como buscando-lhe causas e concausas.

IV – Os estudos da ciência criminológica são pautados na metodologia empírica analisando de maneira indutiva-experimental o comportamento delinquente e buscando a comprovação científica das causas.

V – A criminologia apresenta-se como análise crítica implicando em conhecimento interdisciplinar nutrido por outras ciências a exemplo da psicologia, da biologia, da história, da sociologia, da antropologia e outros ramos do saber.

Agora responda. Dentre as afirmativas acima é(são) verdadeira(s):

a) uma.
b) duas.

---

[77] Questão 1: d.

c) três.
d) quatro.

Resposta.[78]

3 – Nilo Batista (Introdução crítica ao direito penal brasileiro. Rio de Janeiro: Revan, 11ª edição, 2007) leciona o seguinte: "Criminologia, segundo Lola Aniyar de Castro, 'é a atividade intelectual que estuda os processos de criação das normas penais e das normais sociais que estão relacionadas com o comportamento desviante; os processos de infração e de desvio destas normas; e a reação social, formalizada ou não, que aquelas infrações ou desvios tenham provocado: o seu processo de criação, a sua forma e conteúdo e os seus efeitos'. Nossos textos de iniciação ao direito penal oferecem geralmente conceito bem diferente da criminologia, neles apresentada como um conjunto de conhecimentos, ao qual se atribui ou não caráter científico, cujo objetivo seria o exame causal-explicativo do crime e dos criminosos, de utilidade questionada. Aníbal Bruno menciona a "prevenção de alguns juristas para com os trabalhos da criminologia". A criminologia conheceu, nos últimos vinte anos, uma verdadeira revolução, que lhe permitiu superar o impasse positivista. Chamemos, de modo genérico, Criminologia Crítica ao conjunto das tendências (...) que realizaram tal superação e tornaram acessível ao estudioso do direito penal conhecimentos até então camuflados ou distorcidos, inclusive sobre seu próprio ofício".

Relativamente à criminologia crítica não é possível afirmar:

a) ela aceita *a priori* o código penal como inquestionável. Mas investiga também como, por quê e para quem (em ambas as direções: *contra quem e em favor de quem*) se elaborou este código e não outro.
b) ela não se auto delimita pelas definições legais de crime (comportamentos delituosos), interessando-se igualmente por comportamentos que implicam forte desaprovação social (desviantes).
c) que procura verificar o desempenho prático do sistema penal, a missão que efetivamente lhe corresponde, em cotejo funcional e estrutural com

---

[78] Questão 2: d (são verdadeiras: I, III, IV e V).

outros instrumentos formais de controle social (hospícios, escolas, institutos de menores, etc).

d) inserir ela o sistema penal — e sua base normativa, o direito penal — na disciplina de uma sociedade de classes historicamente determinada e trata de investigar, no discurso penal, as funções ideológicas de proclamar uma igualdade e neutralidade desmentidas pela pratica.

Resposta.[79]

4 – Partindo dos ensinamentos de Zaffaroni quando se apresenta uma disciplina tradicionalmente o passo inicial é fornecer uma definição dela objetivando estabelecer seu horizonte de projeção ou limites epistemológicos. Fixa-se aí o objeto de estudo, método, finalidade e funções. Em homenagem a essa tradição poder-se-ia dizer, como exemplo, que a *"criminología es el análisis crítico de los saberes no estrictamente jurídicos acerca de la cuestión criminal, para reducir los niveles de violencia a ella vinculados"*.

Em razão do que foi dito é incorreto afirmar que:

a) para demonstrar uma definição será necessário desenvolver tudo o que ela contém porque para ser verdadeira deverá ser tautológica.

b) a criminologia pode ser entendida como disciplina empírica trabalhado com análise de fatos concretos através da observação e da experimentação focando delinquente e meio.

c) no campo da criminologia não devemos duvidar das conceituações porque trata-se de conhecimento inteiramente correto e ligado ao poder plenamente identificado e justificado por ele.

d) os conceitos e definições oferecidos serão sempre decorrentes de posicionamento ideológico do cientista, porquanto encontra-se ele envolvido no processo histórico-social onde atua simultaneamente como ator e observador.

Resposta.[80]

---

[79] Questão 3: a.

[80] Questão 4: c.

5 – A criminologia vê o crime como um problema social, um verdadeiro fenômeno comunitário. Acerca desse saber observe as afirmativas seguintes.

I – Etimologicamente criminologia vem do latim *crimino* e do grego *logos* significando o estudo do crime.

II – A criminologia é entendida como disciplina filosófica trabalhado com análise de fatos concretos através da observação e da experimentação focando o autor da conduta desviada e meio onde ocorre.

III – Podemos entender a criminologia como área do conhecimento focada no fenômeno criminógeno identificando manifestações atípicas concretas e seus efeitos, bem como buscando-lhe causas e concausas.

IV – A criminologia é saber fundado na prática e na análise dos fenômenos do seu interesse e ela tem o mundo real como campo de estudo. Não se apresenta assim como ciência normativa e valorativa como é o caso do direito criminal.

V – A criminologia e o direito penal têm como ponto de partida o fato delituoso. Os enfoques contudo são diferentes: o direito penal tem o delito como agir típico, antijurídico e culpável estabelecido pelo estado o qual passa a atribuir-lhe uma pena específica; já a criminologia percebe o ilícito como fenômeno antropológico e sociológico estudando a incidência do tipo, a repercussão social, as causas possíveis e formas de controle e de recondução do criminoso aos trilhos desejados pelo estado.

Agora responda. Dentre as asseverações acima são verdadeiras:

a) uma.
b) duas.
c) três.
d) quatro.

Resposta.[81]

6 – A ciência criminológica tradicional tem como finalidade demonstrar a etiologia do fato delituoso buscando as causas determinantes e analisando a conduta e personalidade do criminoso. Identificados tais

---

[81] Questão 5: c (são verdadeira: I, IV e V).

elementos procura apontar caminhos para aplicação de medidas corretivas que possibilitem a pacificação social.

Em razão do que foi afirmado analise as asseverações a seguir.

I – Os conhecimentos do saber criminológico são decorrentes da observação e da experiência daí não utiliza subjetivismo, intuição e empatia.
II – Os cânones estabelecidos pela criminologia devem sempre considerar a transitoriedade dos mesmos em razão do jogo dialético da realidade social.
III – A criminologia é matéria interdisciplinar e ela busca apoio em outras ciências, dentre elas a filosofia, a sociologia, a antropologia, o direito, a biologia e a psicopatologia.
IV – A criminologia apresenta-se como ciência interdisciplinar empírica calcada na observação e na experiência voltada para o seguinte: a) o fato criminoso; b) o infrator; c) a vítima; e d) o controle social do comportamento ilícito.

Agora assinale a única alternativa correta. Dentre as asseverações acima é(são) verdadeira(s) apenas:

a) uma.
b) duas.
c) três.
d) quatro.

Resposta.[82]

7 – O controle social é também um dos caracteres do objeto criminológico, constituindo-se em um conjunto de mecanismos e sanções sociais que buscam submeter os indivíduos às normas de convivência social. Sobre essa ciência atente para as asseverações que se seguem.

I – A criminologia moderna limita-se à adoção do conceito jurídico-penal de delito e isso a coloca instrumento de auxílio do sistema penal.

---

[82] Questão 6: c (verdadeiras: II, III e IV).

II – A criminologia é ciência interdisciplinar empírica calcada na observação e na experiência voltada para o fato criminoso, o infrator, a vítima e o controle social do comportamento ilícito.

III – A criminologia tradicional cuida de investigar a gênese, a dinâmica e as variáveis do fato delituoso; elegendo este como problema exclusivamente social, cuidando de oferecer proposições e técnicas para prevenção do crime bem como tratamento adequado ao infrator.

IV – A criminologia e o direito penal têm como ponto de partida o fato delituoso. Os enfoques contudo são diferentes: o direito penal tem o delito como agir típico, antijurídico e culpável estabelecido pelo estado o qual passa a atribuir-lhe uma pena específica; já a criminologia percebe o ilícito como fenômeno antropológico e sociológico estudando a incidência do tipo, a repercussão social, as causas possíveis e formas de controle e de recondução do criminoso aos trilhos desejados pelo estado.

Agora responda. Dentre as asseverações acima são incorretas as numeradas como:

a) I e III.
b) I e IV.
c) II e VI.
d) II e III.

Resposta.[83]

8 – A ciência criminológica tradicional tem como finalidade demonstrar a etiologia do fato delituoso buscando as causas determinantes e analisando a conduta e personalidade do criminoso. Identificados tais elementos procura apontar caminhos para aplicação de medidas corretivas que possibilitem a pacificação social.

Em razão do que foi afirmado analise as asseverações a seguir.

I – Os conhecimentos do saber criminológico são decorrentes da observação e da experiência daí não utiliza subjetivismo, intuição e empatia.

---

[83] Questão 7: a (são falsas: I e III).

II – Os cânones estabelecidos pela criminologia devem sempre considerar a transitoriedade dos mesmos em razão do jogo dialético da realidade social.

III – A criminologia é matéria interdisciplinar e ela busca apoio em outras ciências, dentre elas a filosofia, a sociologia, a antropologia, o direito, a biologia e a psicopatologia.

IV – A criminologia apresenta-se como ciência interdisciplinar empírica calcada na observação e na experiência voltada para o seguinte: a) o fato criminoso; b) o infrator; c) a vítima; e d) o controle social do comportamento ilícito.

Agora assinale a única alternativa correta. Dentre as asseverações acima é(são) verdadeira(s) apenas:

a) uma.
b) duas.
c) três.
d) quatro.

Resposta.[84]

9 – Abordando o conceito de criminologia Lola Aniyar de Castro diz ser ela "a atividade intelectual que estuda os processos de criação das normas penais e das normais sociais que estão relacionadas com o comportamento desviante; os processos de infração e de desvio destas normas; e a reação social, formalizada ou não, que aquelas infrações ou desvios tenham provocado: o seu processo de criação, a sua forma e conteúdo e os seus efeitos".

Considerando a conceituação esposada pela pensadora é possível perceber que existem diferenças de abordagem do direito penal e da criminologia.
Em razão disso aponte a alternativa que não corresponde ao pensamento da autora.

---

[84] Questão 8: c (são verdadeiras: II, III e IV).

a) O *ser* e o *dever-ser* relacionam-se como fato e valor — numa relação de totalidade dialética — e por essa perspectiva o saber criminológico e o saber jurídico-penal se comunicam permanentemente.

b) Os textos de direito penal oferecem geralmente conceito de criminologia apresentando-a como um conjunto de conhecimentos ao qual se atribui — ou não — caráter científico, cujo objetivo seria o exame causal-explicativo do crime e dos criminosos, e de utilidade questionada.

c) Os positivistas fundamentam o direito penal utilizando a ideia do causalismo: o criminoso é entendido como o sujeito que goza de livre arbítrio, por isso que sua pena não se fundamenta na retribuição do mal causado, mas esta pena necessita ter prazo determinado proporcional à gravidade do delito.

d) São vários os aspectos estudados pela criminologia: a sociologia do direito penal e do comportamento desviante; a etiologia do comportamento delitivo e do comportamento desviante; a reação social, compreendendo a psicologia social correspondente, as penas e outras medidas, bem como a análise das instituições que as executam.

Resposta.[85]

10 – O direito penal e a criminologia ocupam-se de estudar o crime. As duas ciências usam enfoques diferentes para o fenômeno criminal. O direito penal — como ciência normativa — visualiza o crime como conduta anormal e para a qual fixa uma punição. O direito penal conceitua crime como conduta (ação ou omissão) típica, antijurídica e culpável (corrente causalista). A criminologia vê o crime como um problema social, um verdadeiro fenômeno comunitário, abrangendo quatro elementos constitutivos, a saber: incidência massiva na população (não se pode tipificar como crime um fato isolado); incidência aflitiva do fato praticado (o crime deve causar dor à vítima e à comunidade); persistência espaço-temporal do fato delituoso (é preciso que o delito ocorra reiteradamente por um período significativo de tempo no mesmo território) e consenso inequívoco acerca de sua etiologia e técnicas de intervenção eficazes (a criminalização de condutas depende de uma análise minuciosa desses elementos e sua repercussão na sociedade).

---

[85] Questão 9: c.

Em decorrência do que foi afirmado acima identifique a alternativa falsa dentre as que se seguem.

a) A criminologia moderna não pode se limitar à adoção do conceito jurídico-penal de delito, pois isso fulminaria sua independência e autonomia, transformando-se em mero instrumento de auxílio do sistema penal.

b) O controle social não é um dos caracteres do objeto criminológico, isto porque o controle não se constitui em um conjunto de mecanismos e sanções sociais buscando submeter os indivíduos às normas de convivência social.

c) Assim, para a criminologia, o crime é um fenômeno social, comunitário e que se mostra como um "problema" maior, a exigir do pesquisador uma empatia para se aproximar dele e o entender em suas múltiplas facetas. Destarte, a relatividade do conceito de delito é patente na criminologia, que o observa como um problema social.

d) Existem dois sistemas de controle que coexistem na sociedade: o controle social informal (família, escola, religião, profissão, clubes de serviço etc.), com nítida visão preventiva e educacional, e o controle social formal (polícia, ministério público, forças armadas, justiça, administração penitenciária etc.), mais rigoroso que aquele e de conotação político-criminal.

Resposta.[86]

11 – O método, como se sabe, é ferramenta de busca no esclarecimento de fatos naturais ou sociais. Deve ele ser sistematizado através de experiências repetidas e comparadas objetivando demonstrar hipóteses. No caso da criminologia utilizam-se métodos estatísticos, históricos, sociológicos e biológicos para estudar o objeto específico: o crime e a criminalidade.

Em razão do que foi afirmado analise as asseverações a seguir.

I – O saber criminológico utiliza técnicas teórico-metodológicas como estratégia para investigação do fato criminógeno.

---

[86] Questão 10: b.

II – As pesquisas sociológicas desenvolvidas pela criminologia podem ser agrupadas em três grupos: a) extensiva; b) intensiva; e c) investigação-ação.

III – Uma das investigações quantitativas na criminologia dá-se com a apuração de ilícitos cometidos em determinado local (rua, bairro, cidade, unidade administrativa), porém isso não é importante para elaboração de normatização criminal.

IV – Um dos problemas dos levantamentos estatísticos decorre da confiabilidade ou não dos dados divulgados. Outro é de que somente torna-se visível uma parcela dos crimes reais ocorridos, aqueles não registrados pelos órgãos oficiais.

V – O método empírico quantitativo do qual se vale a criminologia costuma generalizar e é mais utilizado para estudo de universo bastante amplo implicando em pesquisa extensiva dos fenômenos penais. A investigação quantitativa atribui valores numéricos às observações objetivando estudar com métodos estatísticos possíveis relações entre as variáveis.

Agora assinale a única alternativa correta. Dentre as afirmativas acima são verdadeiras apenas:

a) uma.
b) duas.
c) três.
d) quatro.

Resposta.[87]

12 – Leia atentamente o texto a seguir.

É possível distinguir ciências humanas (antropologia, história, sociologia, ciência política, linguística, pedagogia, economia, geografia, direito, arqueologia, filosofia, teologia, psicologia entre outras) de ciências sociais (estudos da comunicação, economia, geografia humana, linguística, ciências políticas, criminologia e outras). Aquelas cuidam

---

[87] Questão 11: c (são verdadeiras: I, II e V).

dos aspectos do homem enquanto indivíduo ao passo que as últimas o vêem como ser social.

Em complemento ao texto apresentado não é possível afirmar que:

a) a interdisciplinaridade da criminologia decorre de sua própria consolidação histórica como ciência. Apesar da sua autonomia ela utiliza-se de diversos outros ramos do saber funcionando como verdadeira síntese.
b) é verdadeiro afirmar que a criminologia apresenta-se como ciência social e relaciona-se praticamente com todas as áreas do conhecimento humano que propiciem a percepção do fenômeno criminógeno em seus três elementos fundamentais: o delito, o criminoso e a pena.
c) várias são as disciplinas conexas da criminologia: a) *histórico-filosóficas* (história do direito penal, filosofia do direito penal e direito penal comparado); b) *causal-explicativas* (biologia criminal, antropologia criminal, sociologia criminal, psicologia criminal e psicanálise criminal); c) *jurídico-repressivas* (direito penal, direito processual penal e direito penitenciário); e d) *auxiliares e de pesquisa* (política criminal, penologia, medicina legal, criminalística, psiquiatria forense, psicologia judiciária, polícia judiciária científica e estatística criminal).
d) apenas uma das alternativas anteriores é falsa.

Resposta.[88]

13 – Salienta Sérgio Salomão Shecaira que "o criminoso é um ser histórico, real, complexo e enigmático, um ser absolutamente normal, pode estar sujeito às influências do meio (não aos determinismos)". E arremata: "as diferentes perspectivas não se excluem; antes, completam-se e permitem um grande mosaico sobre o qual se assenta o direito penal atual". Acerca da ciência que cuida disso leia com atenção as asseverações que se seguem.

---

[88] Questão 12: d.

I – A palavra "criminologia" foi pela primeira vez usada em 1883 por Paul Topinard e aplicada internacionalmente por Raffaele Garófalo em seu livro *Criminologia* no ano de 1885.

II – O direito penal é ciência empírica visualizando o crime como conduta anormal para a qual fixa uma punição. O direito penal conceitua crime como conduta típica, antijurídica e culpável.

III – Pode-se conceituar criminologia como a ciência normativa e interdisciplinar que tem por objeto de análise o crime, a personalidade do autor do comportamento delitivo, da vítima e o controle social das condutas criminosas.

IV – A interdisciplinaridade da criminologia decorre de sua própria consolidação histórica como ciência dotada de autonomia à vista da influência profunda de diversas outras ciências, tais como a sociologia, a psicologia, o direito e a medicina legal dentre outras.

V – A criminologia é uma ciência que procura as causas do fenômeno delituoso na etiologia individual e indicando a receita para conserto do infrator; sendo lícito também olhar esse conhecimento de maneira revolucionária fazendo distinção entre a ordem social imaginária e a ordem social real nas quais repousam o fenômeno criminoso a ser superado.

Agora responda. Dentre as asseverações acima são falsas:

a) uma.
b) duas.
c) três.
d) quatro.

Resposta.[89]

---

[89] Questão 13: b (são falsas: II e III).

Questões objetivas (capítulos 5 e 6).

Escola clássica. Escola positivista: antropológica, sociológica e jurídica. Outras escolas.

Ramos da criminologia. Criminologia geral e clínica.

Questões.

1 – Leia com atenção as afirmativas que se seguem.

I – Os estudos acerca do fenômeno criminógeno ganham impulso qualitativo a partir do positivismo e sua vertente antropológica.
II – Considerando-se a ótica da criminologia crítica podemos entender o crime como uma realidade normativa estabelecida pelo sistema social objetivando o controle das condutas tidas por deletérias.
III – A partir da escola antropológica ocorre importante mudança quanto ao objeto de preocupação da ciência criminal. A perspectiva passa a ser a do estudo e pesquisa científico-criminal do fenômeno do crime e notadamente do indivíduo criminoso.
IV – E o criminoso, no positivismo, passa a ser objeto de estudo para a descoberta científica das causas que o levam a delinquir. A procura de causas explicativas para o agir criminoso em oposição às condutas conforme a lei resultou na negação do livre arbítrio.

Agora responda. São verdadeiras:

a) uma.
b) duas.
c) três.
d) quatro.

Resposta.[90]

---

[90] Questão 1: d.

2 – As escolas clássica e positiva assumiram posições bastante definidas filosoficamente defendendo posições antagônicas extremas. Sobre essa temática atente para as asseverações que se seguem.

I – Rafael Garófalo entende haver um delito natural, o qual significa uma lesão aos sentimentos fundamentais de fé e piedade cristã.

II – O jusnaturalismo prega que o direito positivo deve ser objeto duma valoração inspirada num sistema superior de princípios ou preceitos mutáveis ao que se denomina direito legislado.

III – Os ideais da escola jusnaturalista apregoa a observância da equidade, da temperança e do equilíbrio nas decisões judiciais no sentido da promoção dos direitos humanos fundamentais e da construção da cidadania.

IV – Enrico Ferri entende que o fato criminógeno decorre de elementos antropológicos (ligados à genética, à constituição orgânica, aos aspectos psicológicos), físicos (relacionadas ao meio ambiente, ao clima, à umidade) e culturais (advindos do meio social, das desigualdades, das injustiças, do jogo de azar, da prostituição).

V – A partir do final do século XVIII e início do XIX teremos um elemento novo na problemática jurídica: a concepção de que a ideia de justo é passível de alteração e a de progresso pode inscrever-se na ordem natural das coisas. Esta modificação é introduzida pela adoção da história natural como plataforma adequada para pensar o direito.

Agora responda. Dentre as afirmativas acima são verdadeiras as numeradas como:

a) I, II e IV.
b) II, III e V.
c) I, III e IV.
d) III, IV e V.

Resposta.[91]

3 – Segundo Paulo Dourado de Gusmão o jusnaturalismo sofreu um refluxo no século XIX e ocorreu o seu retorno durante o século vinte sob

---

[91] Questão 2: d.

o influxo das contribuições do historicismo e sociologismo jurídico, antigos antagonistas do próprio jusnaturalismo. Adianta o escritor que o século XX é dominado pelo positivismo científico, ao priorizar um tratamento empírico dos fenômenos estudados, não havendo espaço para as especulações abstratas e metafísicas do direito natural. Se a ciência positivista é convertida na única via válida para a obtenção da verdade, o debate acerca do sentido de um direito justo se torna acessório e irrelevante.

Acerca do jusnaturalismo contemporâneo referido pelo autor não se constata:

a) a ideia de Rudolf Stammler propondo um jusnaturalismo de conteúdo variável, rejeitando o direito natural material baseado na natureza humana.
b) a incorporação das críticas feitas pelo próprio movimento (no século XIX) ao reconhecer a relatividade do conceito de justiça e sustentar que cada cultura valora a justiça duma determinada forma.
c) o pensamento de Giorgio Del Vecchio conferindo ao jusnaturalismo uma nova base idealista depurada, procurando tornar compatíveis os vários materiais histórico-condicionados com a pureza formal do ideal do justo, permanente e imutável.
d) o jusnaturalismo contemporâneo repele a ideia duma justiça perene e imutável, apresentando uma visão relativista quanto às possibilidades de configuração dum direito justo. Trata-se da constatação de que em nenhuma sociedade humana poderá uma forma de vivenciar o direito justo, visto que a justiça não se revela um anseio fundamental da espécie humana.

Resposta.[92]

4 – O jusnaturalismo pode ser agrupado nas seguintes categorias: a) jusnaturalismo cosmológico, vigente na antiguidade clássica; b) jusnaturalismo teológico, surgido na idade média, tendo como fundamento jurídico a ideia da divindade como um ser onipotente, onisciente e onipresente; c) jusnaturalismo racionalista, surgido no seio

---

[92] Questão 3: d.

das revoluções liberais burgueses do século XVII e XVIII, tendo como fundamento a razão humana universal; d) jusnaturalismo contemporâneo, gestado no século XX , que enraíza a justiça no plano histórico e social, atentando para as diversas acepções culturais acerca do direito justo.
Partindo dos ensinamentos de Norberto Bobbio podem ser vislumbradas duas teses básicas do movimento jusnaturalista. A primeira tese é a pressuposição de duas instâncias jurídicas: o direito positivo e o direito natural.

Em razão do que foi dito acima identifique a alternativa que não corresponde ao pensamento do autor mencionado.

a) O direito natural corresponde a uma exigência perene, eterna ou imutável de um direito justo, representada por um valor transcendental ou metafísico de justiça.
b) Para o jusnaturalismo existe uma superioridade do direito natural em relação ao direito positivo. O direito positivo deve adequar-se aos parâmetros imutáveis e eternos de justiça.
c) O direito natural — enquanto representativo da justiça — serve como referencial valorativo e ontológico, sob pena da ordem jurídica identificar-se com a força ou o mero arbítrio.
d) O direito positivo não pode corresponder ao fenômeno jurídico concreto, apreendido através dos órgãos sensoriais, sendo, deste modo, o fenômeno jurídico empiricamente verificável, tal como ele se expressa através das fontes de direito, especialmente, aquelas de origem estatal.

Resposta.[93]

5 – Atente para o texto que se segue versando sobre o positivismo.

Observa-se que os séculos XVII e XVIII foram marcados pelo paradigma jurídico geométrico e axiomático enquanto o XIX terá como plataforma os feitos da história natural. Esta última ao lado do crescimento da ciência política, da economia e da sociologia marcará as diretrizes básicas do desenvolvimento do direito durante o século referido por último. Insere-

---

[93] Questão 4: d.

se aí o positivismo que vai marcar de maneira indelével os rumos das reflexões jurídicas, legado com o qual ainda hoje nos defrontamos.

Importante atentar que a partir do final do século XVIII e início do XIX teremos um elemento novo na problemática jurídica: a concepção de que a ideia de justo é passível de alteração e a de progresso pode inscrever-se na ordem natural das coisas. Esta modificação é introduzida pela adoção da história natural como plataforma adequada para pensar o direito.

A escola positivista apresenta como principais postulados: a) direito criminal como criação humana; b) responsabilidade social como consequência de determinismo social; c) delito como fenômeno natural e social (fatores biológicos, físicos e sociais); d) pena como instrumento de defesa social (prevenção geral); e) método indutivo-experimental.

Para fins de exposição didática pode-se vislumbrar três fases da escola positivista: a) antropológica, onde destaca-se a figura de Lombroso; b) sociológica, cujo expoente será Ferri; c) jurídica, bem representada através dos escritos de Garófalo.

Agora analise a as afirmativas a seguir.

I – O positivismo vai marcar de maneira indelével os rumos das reflexões jurídicas, legado com o qual ainda hoje nos defrontamos no direito criminal brasileiro.

II – A escola positivista entende o direito criminal como criação humana e que o delito é fenômeno natural e social sendo a pena um instrumento de defesa social.

III – A escola positiva partir do final do século XVIII e início do XIX reintroduz na problemática jurídica a concepção de que a ideia de justo encontra-se inscrita na ordem natural das coisas.

IV – O positivismo acata o direito natural mas separa o direito da valoração moral de seu conteúdo e reconhece como válido e justo somente o direito positivo vigente em determinada sociedade.

Das asseverações apresentadas é(são) verdadeira(s) apenas:

a) uma.
b) duas.
c) três.

d) quatro.

Resposta.[94]

6 – As concepções sobre o fenômeno criminoso presentes na doutrina jurídico-penal correspondem a distintas visões de mundo traduzidas em várias escolas penais. Dentre elas se destacam a clássica e a positiva.

Em relação às referidas correntes de pensamento não é possível afirmar:

a) Para a escola clássica não existe problema substancial no direito punitivo: definir o que é moral, fazendo defesa do livre arbítrio, torna-se o fundamento jurídico da punição e é irrelevante a finalidade da pena.
b) Segundo a escola clássica crime não é comportamento: é algo abstrato; é uma infração a um ente jurídico; é o desrespeito ao próprio ordenamento jurídico como um todo. O fundamento da responsabilidade penal é a responsabilidade moral, que tem por fundamento o livre arbítrio e a pena. Esta é um mal justo que se contrapõe à injustiça do mal praticado pelo agente.
c) A escola positiva surge como uma exigência prática científica, uma vez que as explicações da escola clássica não indicam preocupação com as causas do comportamento dos indivíduos. Com o positivismo o crime decai de uma posição abstrata (ente jurídico) para tornar-se mero episódio de desajustamento social do homem, ação condicionada pelas forças íntimas da personalidade do agente e externas do seu mundo circundante.
d) Autores como Lombroso, Ferri e Garofalo destacam entendimentos no sentido de que substituem a reponsabilidade moral pela responsabilidade social, concluindo que todo homem é sempre responsável por toda ação criminosa que pratica, unicamente porque vive em sociedade. A razão e o fundamento da pena para a escola positiva é a defesa social que se promove mais eficazmente pela prevenção que pela repressão dos fatos criminosos. O crime passa ser uma questão médica, psicológica e sociológica.

---

[94] Questão 5: b (são verdadeiras: I e II).

Resposta.[95]

7 – O tema do livre arbítrio traz enorme discussão. Ele divide os pensadores até hoje: uns defendem e outros negam sua existência. O homem sempre e em qualquer condição faz suas escolhas e é responsabilizado por elas. Santo Agostinho é um dos primeiros a usar o conceito de livre arbítrio como a faculdade da razão e da vontade por meio da qual é escolhido o bem, mediante o auxílio da graça, e o mal pela ausência dela. De sua vez Santo Tomás de Aquino compartilha da aceitação do livre arbítrio como causa do próprio movimento porque o indivíduo determina a si mesmo a agir. Vários filósofos trataram do a exemplo de Aristóteles, Descartes e Espinoza.

Ligado à temática não podemos afirmar que:

a) no comportamento há algo mais do que hereditariedade e ambiente. As pessoas têm liberdade para escolher o curso de suas ações.

b) livre arbítrio é o nome que se dá à capacidade de escolha, a qual supõe algo além da hereditariedade e do ambiente, algo dentro do indivíduo.

c) de acordo com o livre arbítrio a responsabilidade pelo comportamento é do indivíduo. O homem é dotado do poder de agir sem motivos ou finalidades diferentes da própria ação.

d) o livre arbítrio afirma que a escolha é uma ilusão: não são as próprias pessoas que causam o comportamento. Afirma-se aí que em razão da herança e dos impactos ambientais, uma pessoa que se comporta de uma dada forma não poderia ter escolhido comportar-se de outra maneira.

Resposta.[96]

8 – Considerando os campos de estudo da criminologia indique a alternativa que contém inverdade.

a) A criminologia clínica ocupa-se do estudo científico do comportamento tido por delituoso. Analisa ela as nuances estruturais,

---

[95] Questão 6: a.
[96] Questão 7: d.

funcionais e causais num indivíduo, bem como os fatores externos influenciadores ou determinantes da conduta pessoal.

b) A criminologia sociológica (geral) insurge-se contra a criminologia clínica insistindo na preponderância da influência ambiental (exógenas) para a gênese do crime. Para ela não é importante identificar o meio criminógeno em que ele se encontra o homem.

c) A criminologia clínica apresenta-se como aplicação da criminologia geral e uma das suas funções é estabelecer estratégias de reabilitação (ressocialização) do criminoso. Identificam-se aí três vertentes: a) *médico-psicológica*; b) *psicossocial*; e c) *inclusão social*.

d) O modelo de inclusão social da criminologia clínica leva em consideração principal o paradigma das inter-relações sociais entendendo que as condições duma pessoa podem viabilizar comportamento socialmente indesejado redundando em processo de criminalização.

Resposta.[97]

9 – Considerando a área de atuação da criminologia assinale a alternativa falsa.

a) Criminologia clínica é uma ciência interdisciplinar que visa analisar o comportamento criminoso e nela é possível estudar estratégias de intervenção junto ao encarcerado, às pessoas envolvidas com ele e com a execução de sua pena.

b) A criminologia geral compõe-se dos conhecimentos teóricos de forma global acerca do fenômeno criminógeno coletados pelas diversas disciplinas que a auxiliam, a exemplo da antropologia, da sociologia e da psiquiatria, dentre outras.

c) A criminologia geral ocupa-se do estudo científico do comportamento tido por delituoso. Analisa ela as nuances estruturais, funcionais e causais num indivíduo, bem como os fatores externos influenciadores ou determinantes da conduta pessoal.

d) As investigações científicas da criminologia clínica estendem-se por diversos ramos a exemplo da biologia, da genética, da psiquiatria, da psicologia, da endocrinologia e da toxicologia, dentre outros. Essas

---

[97] Questão 8: b.

linhas de pesquisa procuram explicação etiológica endógena do crime e do criminoso.

Resposta.[98]

---

[98] Questão 9: c.

Questões objetivas (capítulos 7 e 8).

Conceito e evolução da criminogênese. Ideologia da defesa social. Homogeneização do corpo social (controle, repressão e reencaminhamento).

Conduta desejada e desvio. Micro e macrocriminalidade. Vitimologia. A vítima na legislação brasileira.

Questões.

1 – Dentre as afirmativas que se seguem indique aquela não verdadeira.

a) A cifra dourada é formada por delitos cometidos por detentores de poder político e econômico em desfavor da coletividade e dos cidadãos.
b) Algumas agências independentes não-governamentais procuram trabalhar no levantamento de dados referentes à criminalidade do colarinho branco.
c) O fenômeno da chamada cifra negra é composto pelos delitos não levados ao conhecimento das autoridades criando uma estatística destoante realidade fenomênica.
d) A investigação da cifra negra implica numa observação direta de reconstituição da cena do crime, cometido por negro, com análise dos fragmentos, vestígios e outros subsídios coletados junto a pessoas que tenham ciência do fato.

Resposta.[99]

2 – Atente para as afirmativas que se seguem versando sobre a ideologia da defesa social; bem como conduta desejada e desvio.

I – A macrocriminalidade (crime organizado) oferece maior ofensividade para o todo social.

---

[99] Questão 1: d.

II – O conceito de conduta desviada não é amplo e abrange apenas as regras comportamentais tipificadas em lei. Desta maneira ocorre um desvio de conduta quando observa-se um desencontro entre o fato indesejado e o padrão de comportamento esperado.

III – No ordenamento jurídico brasileiro entende-se por crime organizado um grupo estruturado de quatro ou mais pessoas, existente há algum tempo e atuando com o propósito de cometer uma ou mais infrações graves com a intenção de obter, direta ou indiretamente, um benefício econômico ou outro benefício material.

IV – Fenômenos como nudismo (naturismo), festa com música eletrônica em espaço aberto (*rave*), em que pesem apresentarem-se como condutas não corriqueiras, interessam apenas à sociologia. Já transgressões mesmo menores (furto de objeto de pequeno valor, apropriação de coisa do ambiente de trabalho, uso de droga não permitida) tipificadas legalmente interessam à criminologia.

V – É possível fazer uma distinção entre dois tipos de criminalidade organizada: a) tradicional seguindo o modelo mafioso, caracterizado pelo uso da violência e da intimidação, com estrutura hierarquizada, distribuição de tarefas e planejamento de lucros, imposição da lei do silêncio e envolvendo inclusive agentes do estado; b) empresarial com estrutura semelhante à empresa privada objetivando o lucro econômico de seus sócios, agindo na surdina e não usando da intimidação ou violência e envolvendo empresários, comerciantes e políticos, dentre outros.

Agora responda. Das asseverações apresentadas somente são verdadeiras:

a) uma.
b) duas.
c) três.
d) quatro.

Resposta.[100]

---

[100] Questão 2: c (são verdadeiras: I, IV e V).

3 – Alessandro Baratta — analisando a temática da ideologia da defesa social — afirma que "tanto a Escola clássica quanto as escolas positivistas realizam um modelo de ciência penal integrada, ou seja, um modelo no qual ciência jurídica e concepção geral do homem e da sociedade estão estreitamente ligadas. Ainda que suas respectivas concepções do homem e da sociedade sejam profundamente diferentes, em ambos os casos nos encontramos, salvo exceções, em presença da afirmação de uma ideologia da defesa social, como nó teórico e político fundamental do sistema científico".

Não se adequa ao pensamento o autor a seguinte ideia:

a) É próprio ao conteúdo da ideologia da defesa social alguns princípios: culpabilidade, finalidade (ou da prevenção), igualdade, interesse social e do delito natural.

b) A escola positivista não herda da escola clássica uma ideologia da defesa social. Esta ideologia nasceu com a revolução francesa. E a escola clássica buscou assegurar o predomínio do direito divino real.

c) A ideologia da defesa social nasceu contemporaneamente à revolução burguesa. Nesse momento histórico a ciência e a codificação penal se impuseram como elemento essencial do sistema jurídico burguês. Essa ideologia assume o predomínio ideológico dentro do específico setor penal.

d) As escolas positivistas herdaram da escola clássica a ideologia da defesa social, transformando-a em algumas de suas premissas, em conformidade às exigências políticas que assinalam, no interior da evolução da sociedade burguesa, a passagem do estado liberal clássico ao estado social.

Resposta.[101]

4 – Relativamente ao campo de estudo da criminologia teremos:

a) o método, o ilícito, o delinquente e a vítima.
b) o delito, o delinquente, a vítima e o controle social.
c) o delinquente, a vítima, o controle social e o empirismo.

---

[101] Questão 3: b.

d) a interdisciplinaridade, o delito, o criminoso e o controle social

Resposta.[102]

---

[102] Questão 4: b.

Teorias da delinquência. Arquétipos biológicos e correlatos do fenômeno delituoso. Modelos psicológicos e teorias instintuais da agressividade. Concepção multifatorial da delinquência.

Imputabilidade e inimputabilidade. Modelos psicológicos e teorias instintuais da agressividade. Psicologia clínica. Testes criminológicos de personalidade e de inteligência.

Teorias do consenso: escola de Chicago, associação diferencial, anomia, subcultura delinquente, técnicas de neutralização.

Teorias do conflito: crítica e radical.

Questões.

1 – O direito penal e a criminologia ocupam-se de estudar o crime. As duas ciências usam enfoques diferentes para o fenômeno criminal. O direito penal — como ciência normativa — visualiza o crime como conduta anormal e para a qual fixa uma punição. O direito penal conceitua crime como conduta (ação ou omissão) típica, antijurídica e culpável (corrente causalista). A criminologia vê o crime como um problema social, um verdadeiro fenômeno comunitário, abrangendo quatro elementos constitutivos, a saber: incidência massiva na população (não se pode tipificar como crime um fato isolado); incidência aflitiva do fato praticado (o crime deve causar dor à vítima e à comunidade); persistência espaço-temporal do fato delituoso (é preciso que o delito ocorra reiteradamente por um período significativo de tempo no mesmo território) e consenso inequívoco acerca de sua etiologia e técnicas de intervenção eficazes (a criminalização de condutas depende de uma análise minuciosa desses elementos e sua repercussão na sociedade).

Em decorrência do que foi afirmado acima identifique a alternativa falsa dentre as que se seguem.

a) A pesquisa criminológica científica, ao usar dados empíricos de maneira aleatória, afasta a possibilidade de emprego da intuição ou de subjetivismos.

b) A criminologia moderna não pode se limitar à adoção do conceito jurídico-penal de delito, pois isso fulminaria sua independência e autonomia, transformando-se em mero instrumento de auxílio do sistema penal.

c) Pode-se dizer que é função da criminologia desenhar um diagnóstico qualificado e conjuntural sobre o delito, entretanto convém esclarecer que ela não é uma ciência exata, capaz de traçar regras precisas e indiscutíveis sobre as causas e efeitos do ilícito criminal.

d) A criminologia se utiliza dos métodos biológico e sociológico. Como ciência empírica e experimental que é, a criminologia utiliza-se da metodologia experimental, naturalística e indutiva para estudar o delinquente, não sendo suficiente, no entanto, para delimitar as causas da criminalidade. Por consequência disso, busca auxílio dos métodos estatísticos, históricos e sociológicos, além do biológico.

Resposta.[103]

2 – Ao longo da história da criminologia observa-se constante preocupação com a origem, externação, controle e erradicação da delinquência. Reflexões e pesquisas várias foram desenvolvidas sobre aquilo que hoje designamos de comportamentos desviados (ou desviantes) refletindo as perspectivas teóricas de cada pensador. A indagação é a mesma: o que move o indivíduo para o cometimento de crime. Inúmeras hipóteses buscam explicar o funcionamento da sociedade nesse aspecto. Dentre elas encontram-se as teorias consensuais e as do conflito.

I – Para Robert King Merton a estrutura compele o indivíduo à conduta desviante em razão de falha do estado gerando uma disfunção.

II – As teorias consensuais partem do pressuposto de que para o bom funcionamento da sociedade é necessário haver harmonia entre instituições e indivíduos. Todos vivenciando metas sociais comuns.

---

[103] Questão 1: a.

III – Para os defensores do consenso o crime não pode ser tido por anomalia ou moléstia social. Isto porque a ocorrência de delito desencadeia reação contrária reafirmando os liames sociais ratificadores da norma.

IV – As teorias estruturais-funcionalistas assentam suas bases nas ideias de Emile Durkheim. Afirma-se aí ser o crime produzido pela própria estrutura da sociedade. O fenômeno torna-se necessário para a coesão social e portanto exerce função salutar dentro do sistema.

V – A teoria da rotulação entende que o sistema criminal exerce pressão para a permanência do indivíduo no papel social (marginal e marginalizado) atribuído. Resultante disto o sujeito estigmatizado reforça a identidade desviante. O sistema legal torna-se criador e reprodutor da violência e da criminalidade.

Agora responda. Em relação às afirmativas acima são verdadeiras:

a) duas.
b) três.
c) quatro.
d) cinco.

Resposta.[104]

3 – Leia atentamente as afirmativas adiante.

I – Estudando o fenômeno inteligência e procurando mostrar seus diferentes níveis Alfredo Binet e Theodore Simon estabeleceram o conceito de idade mental.

II – Os testes de inteligência envolvem uma função química bastante complexa e todos eles são imbricados e interdependentes variando em razão da observação ou utilidade.

III – Podemos entender inteligência como elementos ligados a raciocínio, capacidade de entendimento, poder de abstração, percepção exterior, memorização, iniciativa e bom senso.

---

[104] Questão 2: d.

IV – Para efeito de padronização de testes a idade mental só é analisada até os 30 anos. Em razão de sua inteligência considera-se o homem como hipofrênico (oligofrenias), normal ou hiperfrênico (superior ou genial).

Responda agora. Considerando as afirmativas apresentadas é(são) verdadeira(s):

a) uma.
b) duas.
c) três.
d) quatro.

Resposta.[105]

4 – Examine atentamente as asseverações seguintes.

I – As demências caracterizam-se por deterioração mental progressiva, global e incurável (senis ou traumáticas), caso da arteriosclerose e mal de alzheimer.

II – Versando acerca da psicopatia estudiosos afirmam que grande parte dos criminosos psicopatas são frutos de famílias desestruturadas e de lares violentos.

III – Há cientistas entendendo que as personalidades psicopáticas externam-se por conduta anormal, às vezes cronicamente antissocial, e não aprendem através das experiências vividas, não temem punições e não mantém lealdade real com pessoa ou grupo.

IV – Importante salientar que os doentes mentais interagem com o mundo a partir duma realidade própria enquanto contrariamente os psicopatas interferem na realidade a partir de sua personalidade desajustada aos padrões sociais.

V – A criminologia tem procurado entender e explicar o agir delituoso a partir de observações psicológicas. Entre as diversas técnicas utilizadas encontram-se os testes criminológicos de personalidade (projetivos e prospectivos) e de inteligência.

VI – Os testes prospectivos correspondem à técnica de exploração minuciosa das intenções presentes e futuras da pessoa examinada.

---

[105] Questão 3: b (são verdadeiras: I e III).

Procura identificar no paciente as crenças e potencialidades lesivas ou não; os freios de contenção das condutas; aspirações a estilo de vida; motivação delituosa; as fontes de causação de sofrimento às vítimas; o temor às regras legais; e sensibilidade à moral.

Responda agora. São verdadeiras apenas:

a) todas.
b) duas.
c) três.
d) quatro.

Resposta.[106]

5 – Leia atentamente as afirmativas adiante.

I – O conceito de inteligência é universalmente aceito. Todos eles são imbricados e interdependentes.
II – A medida de inteligência foi criada pela moderna criminologia para obter maior grau de certeza em suas investigações.
III – Os testes de inteligência partem de padrões preestabelecidos tentando detectar características pessoais utilizando-se de respostas a estímulos previamente planejados para traçar o perfil psicológico e a capacitação pessoal de cometimento de crime.
IV – Willian Stern propôs o termo quociente de inteligência (QI) para representar o nível mental das pessoas e criou as expressões idade mental e idade cronológica. Tem-se aí uma divisão da idade mental pela idade cronológica (1/1).
V – A idade cronológica não traz dificuldade alguma (tempo vivido por uma pessoa contado em anos, meses ou dias). Já a determinação da idade mental torna-se mais difícil por envolver comparação entre indivíduos com experiências diversas.
VI – Para efeito de padronização de testes a idade mental só é analisada em adultos. Em razão de sua inteligência considera-se o homem como hipofrênico (oligofrenias), normal ou hiperfrênico (superior ou genial).

---

[106] Questão 4: a.

Responda agora. São falsas:

a) I, II, III e VI.
b) II, III, IV e V.
c) III, IV, V e VI.
d) I, VI, V e VI.

Resposta.[107]

6 – Atente para as asseverações a seguir, relacionadas aos modelos psicológicos e às teorias instintuais da agressividade.

I – Dentre as perturbações psíquicas encontra-se a neurose, estado mental humano produtor da ansiedade revelando-se através de emoções como o medo, a raiva, o rancor ou sentimento de culpa.

II – A psicopatia é considerada como perturbação psíquica identificada em indivíduos com inteligência abaixo do normal e caracterizado como amoral, inconstante, insincero, egoísta e carente de vergonha e remorso.

III – Conforme pensa Bandura o comportamento agressivo passa pela aprendizagem com a observação e imitação de modelos. No processo de socialização a criança imita tão somente o comportamento dos pais, incluindo-se aí os agressivos (aprendizagem parental).

IV – O modelo psicossocial ressalta a individualidade em seu contexto apontando características da personalidade que teriam o condão de viabilizar conduta criminosa. Considerando que a ciência contemporânea já conhece tudo acerca da mente humana tem-se como certo que os comportamentos desviados apresentam-se apenas como distúrbios da personalidade.

V – Freud visando explicar a agressividade humana entendeu-a como resultado dum processo defensivo. A agressividade seria uma forma reativa onde o ódio seria manifestação secundária da libido. Odiar representa uma forma necessária de amar. O paradigma da atitude agressiva é descrito em "Totem e tabu": a agressividade tem como base o amor à mãe (objeto de reivindicação), ao pai (amor que causa o remorso) e aos irmãos (que leva à identificação e organização social). O amor subjacente ao ódio justificaria a culpa.

---

[107] Questão 5: a.

Agora responda. São falsas apenas:

a) uma.
b) duas.
c) três.
d) quatro.

Resposta.[108]

7 – Leia atentamente as afirmativas adiante.

I – Estudando o fenômeno inteligência e procurando mostrar seus diferentes níveis Alfredo Binet e Theodore Simon estabeleceram o conceito de idade mental.
II – Para Willian Stern um indivíduo com idade cronológica de 10 anos e nível mental de 8 anos teria QI = 0,8 (idade mental 8 anos / idade cronológica 10 = 0,8).
III – Os testes de inteligência envolvem uma função química bastante complexa e todos eles são imbricados e interdependentes variando em razão da observação ou utilidade.
IV – A idade cronológica traz bastante dificuldade em razão da data correta do registro civil. Já a determinação da idade mental torna-se mais fácil por envolver comparação entre indivíduos presencialmente.
V – Partindo de abordagem bastante simplificadora pode-se entender inteligência como raciocínio, capacidade de entendimento, poder de abstração, percepção exterior, memorização, iniciativa e bom senso.
VI – Para efeito de padronização de testes a idade mental só é analisada até os 30 anos. Em razão de sua inteligência considera-se o homem como hipofrênico (oligofrenias), normal ou hiperfrênico (superior ou genial).

Responda agora. São verdadeiras:

a) I, II e III.
b) II, III e IV.
c) III, V e VI.

---

[108] Questão 6: c (são falsas: II, III e IV).

d) I, II e V.

Resposta.[109]

8 – Leia o que se segue sobre a criminologia crítica.

A etiologia do ilícito marca indelevelmente a história da criminologia. Porém o olhar sociológico da criminologia tem-se deslocado também para outros ângulos: a conduta delitiva, a vítima e o controle social. O delinquente assim passa ser é examinado em suas interdependências sociais como unidade biopsicossocial. Até então não houve inovação no que se refere à procura duma etiologia do delito.
Na primitiva forma de entender o crime sustentava-se ser a conduta delituosa existente objetivamente como um ente natural e até era preexistente às normas penais que o definiam num mero exercício de reconhecimento (consenso social). Contrariamente a isso novas teorias de cunho argumentativo negam esse pensamento criminológico até então vigente. É o surgimento da criminologia crítica.

Analise agora as asseverações adiante.

I – A criminologia crítica debruçada sobre delito e controle social abre um novo capítulo nessa ciência inclusive questionando sua própria legitimidade. Brotam daí muitas abordagens a merecer destaque. Dois férteis segmentos são estabelecidos: teorias do consenso e teorias do conflito.
II - Emile Durkheim assenta ser o crime produzido pela própria estrutura da sociedade. O fenômeno torna-se necessário para a coesão social e portanto exerce função salutar dentro do sistema. Como decorrência o crime deve ser tido por anomalia ou moléstia social.
III – As teorias do consenso procuram estudar o atuar do sistema penal definindo a norma e a reação estatal das agências oficiais de repressão e prevenção. Observam aí que o desviado é um dependente da ação ou da omissão das agências estatais de controle social.
IV – Dentre as teorias do conflito que encontramos a direita idealista respondendo pela sociologia do desajuste onde situam-se Pearson e

---

[109] Questão 7: d.

Goffman. Tal seguimento observa o ilícito como sendo uma rebelião política primitiva a ser combatida. Trata-se de viés subjetivista e romântico desconsiderando a estrutura de classes e não identificando as relações econômicas de poder. Entende Goffman que as instituições como prisões e hospitais auxiliam em muito o sistema através da ressocialização.

Agora responda. São verdadeiras apenas:

a) uma.
b) duas.
c) três.
d) quatro.

Resposta.[110]

9 – Ao longo da história da criminologia observa-se constante preocupação com a origem, externação, controle e erradicação da delinquência. Reflexões e pesquisas várias foram desenvolvidas sobre aquilo que hoje designamos de comportamentos desviados (ou desviantes) refletindo as perspectivas teóricas de cada pensador. A indagação é a mesma: o que move o indivíduo para o cometimento de crime. Inúmeras hipóteses buscam explicar o funcionamento da sociedade nesse aspecto. Dentre elas encontram-se as teorias consensuais e as do conflito.

I – Inclui-se dentre as teorias do consenso a ecologia criminal identificando áreas de criminalidade (*gradient tendency*) desenvolvida pela escola de Chicago.
II – A teoria da anomia, tida por consensual, encara a sociedade como um todo orgânico articulado necessitando da interação dos indivíduos em ambiente de valores e regras comuns.
III – A teoria do etiquetamento entende o controle social como produtor do ilícito. A lei elege comportamentos tidos como regulares conforme os interesses sociais e relaciona estigmatização criminal com carreira criminosa.

---

[110] Questão 8: b (são verdadeiras: I, e III).

IV – A teoria da anomia, de matiz estrutural-funcionalista, encabeçada por Robert King Merton e dando-lhe uma conotação marxista, apropria-se de conceito formulado por Durkheim e afirma ser a conduta desviada um produto da própria estrutura social.

V – A teoria da ecologia criminal identifica áreas de criminalidade em círculos concêntricos: uma primeira zona central expandindo-se para uma segunda (de transição propícia à criação de guetos); seguindo-se a terceira zona (residencial com trabalhadores pobres e forasteiros); que interliga-se à quarta (destinada às moradias da classe média); e por fim a aquela onde se estabelece a elite socioeconômica.

Agora responda. Em relação às afirmativas acima são verdadeiras:

a) duas.
b) três.
c) quatro.
d) cinco.

Resposta.[111]

10 – Leia com atenção as afirmativas que se seguem.

I – A teoria da rotulação entende que o sistema criminal exerce pressão para a permanência do indivíduo no papel social (marginal e marginalizado) atribuído. Resultante disto o sujeito estigmatizado reforça a identidade desviante. O sistema legal torna-se criador e reprodutor da violência e da criminalidade.

II – Segundo a criminologia radical os instrumentos de controle social criados pelo estado nesse momento histórico revelam a harmonia existente entre os detentores dos meios de produção e a classe trabalhadora. Por via de consequência o direito criminal burguês apresenta-se com finalidade transformadora da sociedade para um viver harmônico.

III – Para a criminologia radical deve fazer-se a distinção entre a ordem social imaginária (ideologia dominante com as ideias de proteção geral e igualdade legal) e a ordem social real (opressiva, classista e desigual)

---

[111] Questão 9: c (são verdadeiras: I, II, IV e V).

onde repousa o fenômeno criminoso a ser superado com a eliminação das disparidades sociais através do assistencialismo, a exemplo da distribuição de bolsas-família, cotas educacionais e campeonatos esportivos de futebol.

Agora responda. São falsas:

a) uma.
b) duas.
c) três.
d) nenhuma.

Resposta.[112]

11 – Indique a alternativa falsa.

a) Para o *labeling approach* tem-se uma criminalização primária produzindo rotulação que acarreta criminalizações secundárias por assimilação de características grupais resultando em subculturas.
b) A teoria do etiquetamento entende o controle social como produtor do ilícito. A lei elege comportamentos tidos como irregulares conforme os interesses sociais e relaciona estigmatização criminal com carreira criminosa.
c) A criminologia radical nasceu embasada nas ideias dialéticas do materialismo histórico reconhecendo a existência da sociedade estamental esposada por Sócrates e Platão. Admite-se aí que o direito penal burguês é formatado para dar suporte à ideologia capitalista.
d) A criminologia radical tem como premissa que as sociedades são sujeitas a mudanças dialéticas prevalecendo nelas a luta de classes ou de ideologias. Esse desencontro insere-se no contexto da globalização capitalista com a divisão internacional do trabalho e mundialização do comércio e produção considerando a polarização antagônica entre países desenvolvidos (industrializados) e subdesenvolvidos (dependentes).

Resposta.[113]

---

[112] Questão 10: b (são falsas: II e III).
[113] Questão 11: c.

12 – Atente para as afirmativas que se seguem.

I – A teoria do etiquetamento entende o controle social como produtor do ilícito. A lei elege comportamentos tidos como irregulares conforme os interesses sociais e relaciona estigmatização criminal com carreira criminosa.

II – A criminologia radical tem como premissa que as sociedades são sujeitas a mudanças dialéticas prevalecendo nelas a luta de classes ou de ideologias. Esse desencontro insere-se no contexto da globalização capitalista com a divisão internacional do trabalho e mundialização do comércio e produção considerando a polarização antagônica entre países desenvolvidos (industrializados) e subdesenvolvidos (dependentes).

III – Para o *labeling approach* tem-se uma descriminalização primária produzindo rotulação que acarreta criminalizações secundárias por assimilação de características grupais resultando em subculturas.

IV – A criminologia radical nasceu embasada nas ideias dialéticas do materialismo histórico esposada por Karl Marx. Admite-se aí que o direito penal burguês é formatado para dar suporte à ideologia capitalista.

V – Para a criminologia radical deve fazer-se a distinção entre a ordem social imaginária (ideologia dominante com as ideias de proteção geral e igualdade legal) e a ordem social real (opressiva, classista e desigual) onde repousa o fenômeno criminoso a ser superado com a eliminação das disparidades sociais.

Agora responda. Das asseverações apresentadas somente são verdadeiras:

a) uma.
b) duas.
c) três.
d) quatro.

Resposta.[114]

13 – Indique a alternativa falsa dentre as que se seguem.

---

[114] Questão 12: d (são verdadeiras: I, II, IV e V).

a) A criminologia radical ensina que a harmonia social repousa na força e na coerção estabelecida numa relação entre dominantes e dominados.
b) A teoria da rotulação entende que o sistema criminal exerce pressão para a permanência do indivíduo no papel social (marginal e marginalizado) atribuído. Resultante disto o sujeito estigmatizado reforça a identidade desviante. O sistema legal torna-se criador e reprodutor da violência e da criminalidade.
c) Segundo a criminologia radical os instrumentos repressivos de controle social criados pelo estado nesse momento histórico revelam a opressão dos detentores dos meios de produção sobre a classe trabalhadora. Por via de consequência o direito criminal burguês apresenta-se despido de qualquer finalidade transformadora da sociedade para um viver harmônico.
d) Para a criminologia radical deve fazer-se a distinção entre a ordem social imaginária (ideologia dominante com as ideias de proteção geral e igualdade legal) e a ordem social real (opressiva, classista e desigual) onde repousa o fenômeno criminoso a ser superado com a eliminação das disparidades sociais através do assistencialismo, a exemplo da distribuição de bolsas-família, cotas educacionais e campeonatos esportivos de futebol.

Resposta.[115]

14 – Assinale a alternativa falsa.

a) A criminologia radical nasceu embasada nas ideias dialéticas do materialismo histórico esposada por Karl Marx. Admite-se aí que o direito penal burguês é formatado para dar suporte à ideologia capitalista.
b) A criminologia radical nasceu embasada nas ideias dialéticas do materialismo histórico reconhecendo a existência da sociedade estamental esposada por Sócrates e Platão. Admite-se aí que o direito penal burguês é formatado para dar suporte à ideologia capitalista.
c) Para a criminologia radical deve fazer-se a distinção entre a ordem social imaginária (ideologia dominante com as ideias de proteção geral e igualdade legal) e a ordem social real (opressiva, classista e desigual)

---

[115] Questão 13: d.

onde repousa o fenômeno criminoso a ser superado com a eliminação das disparidades sociais.

d) Segundo a criminologia radical os instrumentos repressivos de controle social criados pelo estado nesse momento histórico revelam a opressão dos detentores dos meios de produção sobre a classe trabalhadora. Por via de consequência o direito criminal burguês apresenta-se despido de qualquer finalidade transformadora da sociedade para um viver harmônico.

Resposta.[116]

15 – Leia com atenção as afirmativas que se seguem.

I – A criminologia radical ensina que a harmonia social repousa na força e na coerção estabelecida numa relação entre dominantes e dominados.

II – A teoria da rotulação entende que o sistema criminal exerce pressão para a permanência do indivíduo no papel social (marginal e marginalizado) atribuído. Resultante disto o sujeito estigmatizado reforça a identidade desviante. O sistema legal torna-se criador e reprodutor da violência e da criminalidade.

III – Segundo a criminologia radical os instrumentos repressivos de controle social criados pelo estado nesse momento histórico revelam a opressão dos detentores dos meios de produção sobre a classe trabalhadora. Por via de consequência o direito criminal burguês apresenta-se despido de qualquer finalidade transformadora da sociedade para um viver harmônico.

IV – Para a criminologia radical deve fazer-se a distinção entre a ordem social imaginária (ideologia dominante com as ideias de proteção geral e igualdade legal) e a ordem social real (opressiva, classista e desigual) onde repousa o fenômeno criminoso a ser superado com a eliminação das disparidades sociais através do assistencialismo, a exemplo da distribuição de bolsas-família, cotas educacionais e campeonatos esportivos de futebol.

Agora responda. É(são) falsa(s):

---

a) uma.
b) duas.
c) três.
d) quatro.

Resposta.[117]

---

[117] Questão 15: a.

Informações sobre o autor.

Exerceu o magistério em diversos estabelecimentos de Pernambuco, dentre os quais a faculdade de filosofia do Recife, agregada à UFPE; e o departamento de história da UNICAP. No Tocantins lecionou direito penal e processual penal na faculdade de direito de Colinas, da universidade do estado do Tocantins (UNITINS); exerceu as cadeiras de direito penal e história do direito no curso jurídico mantido pela faculdade de ciências humanas, econômicas e de saúde de Araguaína, integrante do ITPAC; ministrou as cadeiras de criminologia e antropologia jurídica na faculdade católica Dom Orione (FACDO); e atua como professor convidado em cursos de pós-graduação da universidade federal do Tocantins.

Nasceu no sertão pernambucano, na cidade de Arcoverde, migrando para Recife onde recebeu o grau de bacharel na faculdade de direito do Recife (1971); licenciou-se em história pela universidade católica de Pernambuco (1973); e cursou pós-graduação em história pela universidade federal de Pernambuco (1973); também é pós-graduado em direito processual civil pelo departamento de ciências jurídicas da universidade Tiradentes, de Sergipe (1996).

É membro da Academia Tocantinense de Letras Jurídicas (Cadeira nº 1, tendo como patrono o Cardeal Arcoverde), tendo participado da fundação da mesma.

O jornalismo sempre ocupou parte do seu tempo, tendo exercido a função de repórter no *Jornal do Commércio* (Recife); dirigido o jornal *O Grito*, órgão dos acadêmicos da faculdade de direito do Recife; colaborou com a *Folha de Araguaína*; e dirigiu *A Voz da Beca*, informativo da OAB, subsecção de Araguaína.

Embora avesso à participação na política partidária, foi ativista político em movimentos de resistência democrática durante a fase da repressão militar da ditadura de 1964.

Exerce advocacia criminal mantendo a sede do seu escritório em Araguaína (TO) desde 1994.

Endereço eletrônico do autor:
altamiro.adv3755@gmail.com

Alguns trabalhos do autor:

• Testes de História em Vestibulares. 2ª ed., Recife: Grupo Grito, 1971.
• Manual do Estagiário. Recife: Grupo Grito, 1974.
• História do Brasil (Textos Para Seminários). 2ª ed., Recife: Grupo Grito, 1976.
• Política (Textos Para Seminários). 2ª Imp., Recife: 1976.
• Crimes Militares Dolosos Contra a Vida. Leme (SP): LED, 1996.
• Manual Prático Judiciário. Leme (SP): LED, 1997.
• Código Eleitoral Anotado. Leme (SP): LED, 1998.
• Alterações ao Código Penal, Processual Penal e Legislação Criminal Especial. 4ª ed., Araguaína (TO): Araguaia Editora Jurídica, 1998.
• Novas Alterações ao Código Penal, Processual Penal e Legislação Criminal Especial. 2ª ed., Araguaína (TO): Araguaia Editora Jurídica, 1999.
• Jurisprudência Criminal Comparada. Araguaína (TO): Araguaia Editora Jurídica, 1999.
• Leis Criminais Especiais. Araguaína (TO): Araguaia Editora Jurídica, 1999.
• Dinâmica do Processo Criminal (teoria e prática). Araguaína (TO): Araguaia Editora Jurídica, 2000.
• Anotações ao Código Penal (Parte Especial). 3ª ed., Leme (SP): Mundo Jurídico Editora, 2007.
• Anotações ao Código Penal (Parte Geral). 4ª ed., Leme (SP): Mundo Jurídico Editora, 2011.
• Lei Maria da Penha Comentada. 3ª ed., Leme (SP): Mundo Jurídico Editora, 2021.
• Retalhos (Memórias inacabadas de dois pedaços de séculos). 2ª ed. (e-book), Amazon, 2021.
• Código de Trânsito Brasileiro – Comentários aos crimes. 2ª ed. (e-book), Amazon, 2021.
• Prefeitos e Vereadores: Crimes e Infrações de Responsabilidade. 5ª ed. (e-book), Amazon, 2021.